GEMÜSE fermentieren

Amanda Feifer

GEMÜSE fermentieren

KIMCHI, SAUERKRAUT, PICKLES,
KWASS & CO. SELBST HERSTELLEN.
TECHNIKEN, TIPPS UND REZEPTE
FÜR DEN PERFEKTEN EINSTIEG

Aus dem Amerikanischen von Andrea Panster

HANS-NIETSCH-VERLAG

Titel der Originalausgabe: *Ferment Your Vegetables. A Fun and Flavorful Guide to Making Your Own Pickles, Kimchi, Kraut and More*, erschienen bei *Fair Winds Press*, Beverly/USA

Translation Rights arranged with *Quarto Publishing Group Inc.*, Beverly/USA

3. Auflage Mai 2022

Lektorat: Ute Orth
Korrektorat: Petra Westermann
Fotos: Courtney Apple
Foodstyling: Barbara Botting
Einbandgestaltung: Kurt Liebig
Layout Innenteil: Laura McFadden Design
Satz: Kurt Liebig

Hans-Nietsch-Verlag
Industriestraße 20
64380 Roßdorf

www.nietsch.de
info@nietsch.de

ISBN 978-3-86264-377-6

MIX
Papier aus verantwortungsvollen Quellen
FSC® C008047

Für Jake, in Dankbarkeit für das ganz normale
blühende Leben mit dir, für deine Liebe und deine Unterstützung.
Und für Ava, mögest du aufwachsen in einer Welt
voller lebendiger, wohltuender Akzeptanz.

Inhalt

Einführung

Eigentlich ist das Fermentieren von Gemüse ganz einfach: Man schneidet es klein, gibt es in ein Glas, gießt Salzlake darüber und wartet.

Trotz der simplen Handhabung ist die Fermentation aus vielerlei Hinsicht ein erstaunlich bedeutungsvoller und komplexer Vorgang. Fermentation bedeutet Macht, denn Nahrung zu fermentieren kann durchaus zu einer politischen Entscheidung werden: gegen Fast Food, damit wir endlich verstehen, dass gut Ding Weile haben will. Gegen die verbreitete und unbegründete Angst vor Bakterien und für die Erkenntnis, dass wir vielleicht noch nicht begriffen haben, wie nützlich Mikroorganismen für unsere Gesundheit sind. Für die Einsicht, dass eine fortschrittliche Gesellschaft Freude am Experimentieren und Innovationen braucht, dass aber auch die Vergangenheit lehrreiche Lektionen für uns bereithält. Gegen Zutatenlisten, die man nur mit abgeschlossenem Chemiestudium verstehen kann, und für Nahrungsmittel aus einfachen Zutaten mit unwiderstehlichem Geschmack.

Durch die Fermentation entsteht aus Gemüse und Salz mehr als die Summe ihrer Teile. Sie macht sie zu Sauerkraut, Pickles, Kimchi und mehr. Sie erhöht ihren Vitamingehalt und erzeugt eine Fülle von gesunden Probiotika (lebensfähigen Mikroorganismen) und speziellen Enzymen, die unserem Körper unglaublich guttun. Immer mehr Wissenschaftler gelangen zu der Erkenntnis, dass sie sogar bestimmte Krankheiten heilen können. Der Verzehr von fermentiertem Gemüse kann ein unvergleichliches Geschmackserlebnis sein, das wir weder durch chemische Zusatzstoffe noch durch die Zugabe von Essig und Gewürzen nachahmen können.

Das vorliegende Buch soll Ihnen als Leitfaden für die Gemüsefermentation in Ihrer eigenen Küche dienen. Ich hoffe, dass es alle Zweifel aus dem Weg räumt, die Sie vielleicht noch an diesem gänzlich unbedenklichen Verfahren der Lebensmittelzubereitung haben. Gemüse fermentieren soll Ihnen zeigen, dass Sie mit Flexibilität und Experimentierfreude sowohl den gesundheitlichen Nutzen als auch den kulinarischen Wert Ihrer Mahlzeiten steigern können. Und es soll Sie inspirieren, nicht nur die angegebenen Rezepte auszuprobieren, sondern künftig auch Ihr eigenes Kraut und Kimchi ganz nach Ihrem Geschmack zu kreieren. Aber vor allem soll es Ihnen zeigen, dass das Fermentieren von Gemüse einfach Spaß macht!

TEIL

I

Die Grundlagen der Fermentation

In diesem Abschnitt erfahren Sie alles Wissenswerte über die Grundlagen und -techniken der Gemüsefermentation. Er ist die Basis für alle Rezepte. Ich stelle Ihnen das Handwerkszeug für die Herstellung von fermentiertem Gemüse vor, zeige Ihnen, was Sie dafür benötigen, und gehe auch auf gängige Bedenken gegenüber der Fermentation von Gemüse ein.

Falls Sie noch keine eigenen Erfahrungen gesammelt haben, werden meine Ausführungen zu den einzelnen Fermentationsschritten sehr hilfreich für Sie sein und Ihnen einen Eindruck davon vermitteln, was beim Fermentieren im Glas oder Gärtopf vor sich geht. Hier geht's ans Eingemachte: Sie bekommen Antworten auf alle Fragen, die sich bei der Zubereitung ergeben, und erfahren zudem, warum Sie gut daran tun, sich der wachsenden Zahl von Menschen anzuschließen, die ihr Gemüse selbst fermentieren.

Was ist Fermentation?

Die Fermentation wirkt wie eine Transformation: Sie macht rohes Gemüse noch gesünder und schmackhafter. In diesem Buch stelle ich Ihnen in erster Linie die Milchsäuregärung vor. Sie verwandelt Gemüse in Pickles – ohne dass wir auch nur einen einzigen Tropfen Essig dazugeben müssen.

Diese Umwandlung haben wir ausschließlich den Mikroorganismen im Boden und dem natürlichen Zucker im Gemüse zu verdanken. In der Erde tummeln sich unzählige Bakterien, die mit dem Gemüse „geerntet" werden. Die Schale oder Haut des Gemüses wird auch von einem kleinen Grüppchen von Milchsäurebakterien besiedelt, die häufig als „Probiotika" bezeichnet werden. Sie setzen unter den geeigneten Bedingungen den Fermentationsprozess in Gang, indem sie sich auf den natürlichen Zucker im Gemüse stürzen und ihn u. a. zu Milchsäure, Kohlendioxid (CO_2) und sogar zu winzigen Mengen Alkohol verarbeiten.

Die idealen Bedingungen für die Milchsäuregärung sind schnell geschaffen: Milchsäurebakterien benötigen lediglich eine möglichst sauerstoffarme Umgebung, ausreichend Zeit und einen zimmerwarmen Ort. Am wohlsten fühlen sie sich bei Temperaturen zwischen 17,8 und 23,9 °C, aber auch in einer kühleren oder wärmeren Umgebung kann die Fermentation gelingen. Anders als viele ihrer krankheitserregenden Verwandten gedeihen sie im salzigen Milieu und verkraften sogar relativ hohe Salzkonzentrationen. Aus diesem Grund wird bei der Fermentation von Gemüse oft Salz zugesetzt.

Ihre Aufgabe besteht also lediglich darin, die guten Mikroorganismen mit allem zu versorgen, was sie brauchen, und sie in Ruhe arbeiten zu lassen. Wenn Sie die Grundprinzipien der Fermentation kennen, werden Sie verstehen, dass Mutter Natur diesen Vorgang bestens eingerichtet hat und dass Sie ihn mit wenig Aufwand lediglich unterstützen müssen.

Welche Vorteile hat die Fermentation?

Menschen entscheiden sich aus den unterschiedlichsten Gründen dafür, ihr Gemüse zu fermentieren. Die einen tun es für die Gesundheit, die anderen des Geschmacks wegen und wieder andere möchten sich regional ernähren oder genießen das Gefühl, scheinbar komplizierte (aber eigentlich ganz einfache) Dinge selbst zu machen.

Geschmack

Einer der Pluspunkte der Gemüsefermentation offenbart sich gleich bei der ersten Kostprobe – der Geschmack! Der Prozess der Milchsäuregärung mutet an wie Zauberei. Man gibt etwas Kraut und Salz in ein Gefäß, und 1 Monat später haben unsichtbare Mikroorganismen den bescheidenen Kohlkopf in einen herb-säuerlichen Superstar verwandelt: Sauerkraut! Es ist praktisch unmöglich, diese einzigartigen Aromen ohne Fermentation zu erzeugen, aber nicht nur deshalb wissen Köche in aller Welt dieses Verfahren zu schätzen. Worte wie „würzig", „herb" oder „säuerlich" beschreiben den einzigartigen Geschmack, den das Gemüse im Laufe der Fermentation entfaltet.

Gesundheit

Fermentiertes Gemüse fördert unsere Gesundheit auf erstaunliche Weise. Sein hoher Gehalt an Probiotika ist einer seiner größten Vorzüge. Nahezu täglich gewinnen Forscher neue Erkenntnisse über die Bedeutung der Darmflora (der Gesamtheit der Mikroorganismen in unserem Darm). Der Einfluss probiotischer Nahrungsmittel auf das Darmmikrobiom ist zwar noch nicht umfassend geklärt, vieles deutet jedoch darauf hin, dass sie die Entstehung und den Erhalt einer reichhaltigen und gesunden Besiedelung des Darms mit Bakterien unterstützen, was unserer Gesundheit und unserem Wohlbefinden zugutekommt.

Umgekehrt zeigen neue wissenschaftliche Studien vermehrt einen möglichen Zusammenhang zwischen einem geschwächten, wenig abwechslungsreich besiedelten Mikrobiom und zahlreichen Zivilisationskrankheiten, die in erster Linie in den Industrienationen verbreitet sind. Es gibt Hinweise auf und Belege für einen Zusammenhang zwischen der Artenvielfalt der Darmbakterien bei einem gesunden Menschen sowie von Übergewicht, Nahrungsmittelallergien und sogar Depressionen bei Menschen mit verminderter oder einseitiger Bakterienbesiedlung des Mikrobioms.

Aber nicht nur die Probiotika machen Gärgemüse so gesund. Es ist zudem vitaminreicher als rohes oder gekochtes Gemüse. Eine Gurke hat beispielsweise roh weniger Vitamine als nach der Fermentation (siehe Saure Gurken, Seite 162). Durch die Milchsäuregärung entstehen sogar Vitamine, und Mineralstoffe werden leichter verdaulich.

Darüber hinaus hat sich gezeigt, dass die Fermentation schädliche chemische Verbindungen wie etwa Rückstände von Pestiziden ganz oder teilweise abbauen kann.

Dies ist nur ein winziger Teil der bereits nachgewiesenen Eigenschaften von fermentiertem Gemüse sowie seiner gesundheitlichen Vorzüge, die derzeit noch untersucht werden. Viele spannende Forschungsprojekte widmen sich der Wirkung fermentierter Nahrungsmittel, und ihre Anzahl wird in den kommenden Jahren noch steigen.

Haltbarkeit

Lässt man Karotten bei Zimmertemperatur liegen, sind sie meist nach einer Woche verschimmelt. Im Kühlschrank bleiben sie etwa 2 Wochen frisch. Fermentierte Möhren werden im Laufe der Zeit aber immer aromatischer. Sie verwandeln sich durch die Fermentation in ein gesundes probiotisches Nahrungsmittel, das monatelang haltbar ist, und büßen über viele Wochen kaum etwas von ihrer Knackigkeit ein.

Die Fermentation von Gemüse wird schon seit Tausenden von Jahren praktiziert. Lange bevor es Kühl- und Gefrierschränke oder luftdichte Verpackungen gab, machte sich der Mensch die Eigenschaften von Mikroorganismen zunutze, um auch in den kalten Monaten Nahrung zur Verfügung zu haben oder diese im heißen Tropenklima vor dem Verderben zu bewahren.

Die Fermentation von Gemüse hat sich im Laufe der Jahrhunderte als eine bewährte und effektive Methode der Nahrungsmittelkonservierung erwiesen. Wenn sie nicht funktionieren würde, hätten die Menschen früher nicht überlebt und weder ihre Gene noch ihr Wissen weitergeben können. All jenen, die gern regional angebautes oder selbst gezogenes Gemüse essen, bietet die Gemüsefermentation eine großartige Möglichkeit, eine Vielfalt von unterschiedlichen Gemüsesorten das ganze Jahr über haltbar zu machen.

Vergnügen und Leichtigkeit

Jeder kann fermentieren. Man muss beileibe kein Spitzenkoch sein, um köstliches Gärgemüse herzustellen – obwohl es so köstlich schmeckt, dass Verwandte und Freunde glauben werden, dass Sie tatsächlich ein solcher sind. Wer Gemüse schneiden kann, kann auch fermentieren. Sie müssen nur ein paar einfache und flexible Richtlinien befolgen (die ich im Folgenden noch darlegen werde) und schon können Sie fermentieren, was das Herz – und der Darm – begehrt.

Fragen an den Mikrobiologen

Dr. Fred Breidt arbeitet als Mikrobiologe für das US-Landwirtschaftsministerium. In vielen seiner wissenschaftlichen Untersuchungen hat er sich mit dem Konkurrenzkampf verschiedener Bakterienarten bei der Gemüsefermentation beschäftigt und untersucht, welche Mikroorganismen die Fermentation so sicher und effektiv machen. Er liefert verlässliche Informationen und seine Begeisterung für das Thema „Milchsäuregärung" wirkt regelrecht ansteckend.

Die Fermentation von Gemüse wird immer beliebter. Wie sicher ist das Verfahren?
„Die Fermentation von Gemüse ist eines der sichersten Verfahren in der Lebensmitteltechnologie – vorausgesetzt, man macht es richtig. Aber das ist nicht allzu schwierig. Im Grunde ist die Milchsäuregärung narrensicher."

Was macht die Fermentation von Gemüse so sicher?
„Der Konkurrenzkampf zwischen den Bakterien. Die Milchsäurebakterien und die von ihnen produzierte Milchsäure schaffen ein Milieu, in dem pathogene Mitbewerber nicht überleben können. Milchsäure zerstört Krankheitserreger – auch Salmonellen und *Escherichia coli* (Kolibakterien) – wirksamer als andere Säuren, einschließlich der Essigsäure. Derzeit wird untersucht, auf welche Weise verschiedene Säuremoleküle Bakterien vernichten (von der keimtötenden Wirkung eines niedrigen pH-Werts einmal abgesehen). Die Sporen von *Clostridium botulinum* überleben die Fermentation häufig, produzieren bei einem pH-Wert unter 4,6 aber kein Botulinumtoxin (Giftstoff, der zu schweren Lebensmittelvergiftungen führt). Da Indikatorstreifen meist keine exakten Werte liefern, sollte man Fermentiertes also nur verzehren, wenn sie einen pH-Wert unter 4,0 anzeigen."

Kann man das Gemüse auch nach längerer Fermentation bedenkenlos verzehren?
„Milchsäure ist ein hervorragendes Konservierungsmittel. Auch in der gewerblichen Produktion wird Gemüse manchmal ein Jahr oder länger bei Zimmertemperatur (oder sogar unkontrolliert in Behältern im Freien) fermentiert. Dass Pickles verderben, kommt nur selten vor. Man erkennt es sofort an ihrem Aussehen und Geruch."

Wann gehört ein Ansatz auf den Kompost?
„Wenn fermentiertes Gemüse nach faulen Eiern oder Schweizer Käse riecht, sollte man es nicht mehr verzehren, aber das versteht sich von selbst. Prüfen Sie im Zweifel den pH-Wert. Liegt er über 4,0, dann sollten Sie das Gemüse besser entsorgen."

Was ist bei Schimmelbefall zu tun?
„An der Oberfläche fermentierter Gemüse können verschiedene Arten von Schimmel entstehen. Eine dünne Hefeschicht (die sogenannte Kahmhaut) ist kein Grund zur Besorgnis. Es handelt sich dabei um einen Biofilm aus Mikroorganismen. Hat sich dagegen ein dickes, farbenprächtiges Schimmelpolster gebildet, kann in seltenen Fällen ein zweiter Gärungsprozess einsetzen. Dabei steigt der pH-Wert wieder an und am Gefäßboden können Sporen von *Clostridium botulinum* keimen. Auch hier lässt sich mit einem pH-Wert-Messgerät oder mit Teststreifen die Unbedenklichkeit prüfen. Bei einem pH-Wert unter 4,0 wird das dabei entstehende Botulinumtoxin zerstört."

Die Unbedenklichkeitsfrage

Auf den letzten Seiten haben Sie mehrfach das Wort „Bakterien" gelesen. Kein Grund zur Panik! In unserem Mund, in unserem Darm und auf unserer Haut wimmelt es nur so vor nützlichen und im Grunde harmlosen Bakterien. Auch die Luft, die wir atmen, und der Boden unter unseren Füßen beheimaten die verschiedensten Bakterienstämme.

Natürlich gibt es auch gefährliche Bakterien, aber grundsätzlich sind Bakterien nicht unsere Feinde. Je mehr wir aus wissenschaftlichen Studien lernen, desto deutlicher wird, dass sie ein wesentlicher Bestandteil des menschlichen Lebens sind. Lange Zeit haben wir alle Bakterien über einen Kamm geschoren, und genau das hat uns in die Irre geführt. Wenn unser Körper steril wäre, könnten wir nur schwer – oder wahrscheinlich gar nicht – überleben. Vor diesem Hintergrund tun wir gut daran, uns von den noch verbliebenen Ängsten vor Bakterien zu befreien.

Die gleichen Faktoren, die fermentiertes Gemüse haltbar machen, machen das Verfahren so sicher. Meist sinkt der pH-Wert von milchsaurem Gemüse nach wenigen Fermentationstagen so weit, dass das für Botulismus (schwere Lebensmittelvergiftung) verantwortliche Bakterium *Clostridium botulinum* keine gefährlichen Sporen mehr bilden kann. Hier sorgt die Natur selbst für Sicherheit!

Sie müssen das Gemüse nur schneiden, einlegen, warten und wissen, dass die Fermentation bei Zimmertemperatur sicher ist. Mehr zu diesem Thema finden Sie in dem Abschnitt „Fragen an den Mikrobiologen" (siehe Seite 13).

Fermentieren mit und ohne Starterkultur

Es ist natürlich richtig, milchsauer vergorene Nahrungsmittel als „fermentiert" zu bezeichnen. Dieser Begriff schließt aber auch die Möglichkeit ein, dass die Gärung nicht von den natürlich vorhandenen Hefen oder Bakterien, sondern durch spezielle Kulturen in Gang gesetzt wird. Dabei kann es sich um einen Starter (wie z. B. einen Kombuchapilz oder Kefirknollen), um den Kontakt mit einer fermentierten Substanz (Misodoko, Seite 189, oder Nukadoko, Seite 191) oder um die Flüssigkeit bereits milchsauer vergorenen Gemüses handeln.

Bei der spontanen oder „wilden" Fermentation werden Lebensmittel ausschließlich mithilfe der Hefen bzw. Bakterien in der Luft oder auf dem Obst und Gemüse vergoren. In den Rezepten dieses Buches setzen wir bis auf wenige Ausnahmen auf spontane Gärung.

Für einige Fermentationsprozesse sind Starterkulturen erforderlich, doch für die Milchsäuregärung erfüllt unser Gemüse alle Voraussetzungen. Wissenschaftliche Untersuchungen belegen, dass Starterkulturen die Beschaffenheit und den Geschmack des Gemüses negativ beeinflussen können. Daher rate ich Ihnen, ganz spontan ans Werk zu gehen!

Da wir Gemüse fermentieren, werden uns in diesem Buch vor allem die Milchsäurebakterien beschäftigen. Aber auch mit anderen Bakterien, Hefen und Pilzen lassen sich durch Fermentation köstliche Nahrungsmittel herstellen.

Was Sie wissen müssen

Sind Sie bereit, mit der Fermentation zu beginnen? Ich verspreche Ihnen: Es ist ganz einfach und macht Spaß! Mit guter Planung und Vorbereitung können Sie schon nach kurzer Zeit probiotische Köstlichkeiten genießen, die Sie zu praktisch allen Mahlzeiten servieren können.

Die Zutaten

Für Pickles, Kimchi oder Sauerkraut braucht man nicht viel. Das Gemüse selbst enthält bereits die wesentlichen „Zutaten" für die Fermentation. Wenn Sie es einfach klein schneiden, haben Sie schon den wichtigsten Arbeitsschritt erledigt.

Gemüse

Da die für die Fermentation benötigten Bakterien auf der Schale des Gemüses sitzen, sollte Sie diese nicht entfernen. Die Ausnahme dabei sind Zwiebeln und Knoblauch. Ist die Schale wie bei einigen Winterkürbissen (Kürbishummus, Seite 138) ungenießbar, wird sie nach der Fermentation, d. h. vor dem Verzehr entfernt. Sie können auch ein paar Schalenstücke ins Glas geben und diese dann nach der Fermentation herausnehmen.

Waschen Sie das Gemüse wie vor dem Kochen oder bei Rohverzehr. Verwenden Sie dafür jedoch kein heißes Wasser und keinen handelsüblichen Obst- und Gemüsereiniger. Beides kann sich negativ auf die anhaftenden Bakterien auswirken.

Theoretisch können Sie jedes Gemüse fermentieren. Praktisch lässt jedoch bei einigen Sorten der Geschmack zu wünschen übrig (aber der ist bekanntlich subjektiv), andere zerfallen bei der Fermentation. Um eine gewisse Routine zu entwickeln, sollten Sie zunächst Gemüse mit geringem Wassergehalt fermentieren (Rettich und Rüben statt Gurken und Kohlblätter). Und probieren Sie dann am besten nach und nach alle Sorten, damit Sie wissen, was Ihnen schmeckt!

Das verwendete Gemüse muss nicht perfekt sein. Anfänger erzielen mit frischen Produkten zwar bessere Erfolge, doch die Fermentation kann auch die schrumpeligen, aber noch essbaren Wurzeln im Gemüsefach vor der Bio-Tonne bewahren und ihnen neues Leben einhauchen.

Wasser

Die gute Nachricht: Im Internet können Sie sich ohne große Umstände über die Qualität des Leitungswassers in Ihrer Stadt oder Gemeinde informieren. Die weniger gute Nachricht: Nicht immer begünstigt das, was durch unsere Rohre fließt, die Fermentation.

In den USA befindet sich häufig eine chemische Substanz namens „Monochloramin" im Leitungswasser. Sie dient wie Chlor der Desinfektion und soll Krankheitserreger abtöten. Anders als Chlor verschwindet Monochloramin weder beim Abkochen, noch wenn man das Wasser über Nacht stehen lässt. Aufgrund seiner antimikrobiellen Wirkung kann Monochloramin den Fermentationserfolg negativ beeinflussen. Doch obwohl mein Leitungswasser Monochloramin enthält, ist die Fermentation auch mit ungefiltertem Wasser noch nie fehlgeschlagen. In Deutschland wird diese keimtötende Substanz dem Trinkwasser nicht beigemischt.

Salz oder Lake?

In diesem Buch lernen Sie zwei Methoden kennen: Sie können das geschnittene Gemüse direkt mit Salz vermischen, um den Zellsaft freizusetzen, oder es in einer Lake aus Wasser und Salz einlegen. Bei beiden entsteht so viel Flüssigkeit, dass das Gemüse davon bedeckt wird. Die Entscheidung für Salz oder Lake hängt von der Größe der Gemüsestücke und dem gewählten Fermentationsverfahren ab.

Bei vielen Rezepten werden 2 bis 5 Prozent Salz oder eine 4- bis 6-prozentige Lake dazugegeben. Es gibt aber auch Ausnahmen, in denen sich ein höherer oder niedrigerer Salzgehalt anbietet. Wenn Sie beispielsweise Gemüse im Ganzen einlegen möchten, verhindert eine höhere Salzkonzentration die Entstehung einer Schimmel- oder Hefeschicht. Beim Fermentieren ohne Salz (siehe Seite 177) verlassen wir uns darauf, dass der natürliche Salzgehalt der Zutaten die Aufgaben der zugesetzten Salze übernimmt und die bei der Fermentation gebildete Säure einen gefahrlosen Genuss garantiert.

In der Salztabelle (Seite 201) finden Sie wichtige Informationen über das Verhältnis von Volumen zu Gewicht bei verschiedenen Salzarten. Zudem leistet diese Tabelle gute Dienste bei der Berechnung der Salzkonzentration.

In Flaschen abgefülltes Wasser wird nicht so streng kontrolliert wie Leitungswasser. Manchmal ist es sogar nahezu unmöglich, seine genaue Herkunft oder die einzelnen Inhaltsstoffe in Erfahrung zu bringen. Daher rate ich Ihnen, Ihren Geldbeutel und die Umwelt zu schonen und stattdessen Ihr Trinkwasser zu filtern.

Ein hochwertiger Tischwasserfilter mit Aktivkohlekartusche (siehe Bezugsquellen, Seite 205) ist nicht nur für das Fermentieren von Gemüse eine sinnvolle Anschaffung. Er entfernt nachweislich 99 Prozent der Schwermetalle, Pestizide, Medikamentenrückstände und auch möglicher Chlor- und Chlorabbauprodukte aus dem Trinkwasser. Das Wasser wird weicher und Schwebeteilchen werden durch einen Mikroschwamm herausgefiltert. Zudem sind im Handel spezielle Wasserfiltersysteme (siehe Bezugsquellen, Seite 205) erhältlich, die beispielsweise direkt am Wasserhahn angebracht werden können.

Salz

Salz spielt bei der Fermentation von Gemüse eine wesentliche Rolle. Es stärkt die enthaltenen Pektine und hält es knackig. Es verschafft den Milchsäurebakterien einen Vorsprung gegenüber der salzscheuen bakteriellen Konkurrenz und verhindert, dass das Gemüse verdirbt. Salz unterstützt die Konservierung und verlängert die Haltbarkeit. Und es verbessert den Geschmack.

Fast jedes Salz eignet sich für die Fermentation – vom billigen Tafelsalz bis hin zu den oft sündhaft teuren Ursalzen.

Da die Fermentation dafür sorgt, dass Mineralstoffe besser aufgenommen werden, kann die Verwendung von qualitativ hochwertigerem und meist auch mineralstoffreicherem Salz sinnvoll sein, um diese Zufuhr zu steigern. Falls Ihr Budget es erlaubt, sollten Sie zum Fermentieren ein Salz wählen, bei dem die enthaltenen Mineralstoffe einzeln aufgeführt sind. Im Handel sind durchaus erschwingliche mineralstoffreiche Salze erhältlich, doch wenn Sie lieber Tafelsalz verwenden (auch damit gelingt die Fermentation problemlos), sollte es nur einen Bestandteil haben: Salz.

Abwiegen oder abmessen?

Am einheitlichsten wird der Salzgehalt Ihres fermentierten Gemüses, wenn Sie die verwendete Salzmenge abwiegen. Das bedeutet aber nicht, dass dies für jedermann die beste Lösung ist. Wenn Sie für den Eigenbedarf fermentieren, möchte ich Sie dazu ermuntern, Ihren Geschmack zu schulen. „Einheitlich" kann bedeuten, dass Sie immer Ihren Lieblingslöffel und Ihr Lieblingssalz verwenden, dass Sie die Küchenwaage hervorholen oder nur nach Gusto salzen. Damit Sie die gleichen Ergebnisse erzielen können wie ich, habe ich bei allen Rezepten sowohl das Volumen als auch das Gewicht der verwendeten Salzmenge angegeben.

PYREX
1 CUP
8oz

Die Gewichtsangabe in Gramm macht die exakte Übereinstimmung möglich. Bei kleinen Mengen können Sie das Salz aber auch löffelweise oder nach Geschmack dazugeben. Bei der Fermentation im Gärtopf empfehle ich Ihnen, das Salz abzuwiegen, da sich selbst kleine Abweichungen mit jedem Esslöffel (à 15 Gramm) summieren.

Während der Fermentation nimmt der Salzgehalt zwar nicht ab, aber das Endprodukt enthält mehr Säure und schmeckt deshalb weniger kräftig. Falls Sie nach Geschmack salzen, gelingt das Gemüse am besten, wenn Ihre Mischung anfangs etwas salziger ist.

Zu wenig Salz beschleunigt die Fermentation und erhöht die Wahrscheinlichkeit, dass das Gemüse weich und matschig wird. Die beim Gärvorgang entstehende Säure ermöglicht zwar den unbedenklichen Verzehr, aber viele Menschen finden weiches Gemüse unappetitlich. Natürlich gibt es Möglichkeiten, dies zu verhindern (siehe den Abschnitt „Fermentieren ohne Salz", Seite 177 ff.), doch die direkte Zugabe von 2 Prozent Salz oder die Verwendung einer mindestens 4-prozentigen Lake sind die beste Garantie für knackiges Sauergemüse.

Zu viel Salz kann jedoch dazu führen, dass die Fermentation nicht einsetzt, das Gemüse sehr langsam fermentiert oder sich verfärbt. Es gibt Milchsäurebakterien, die auch bei einer direkten Zugabe von 8 Prozent Salz normal arbeiten. Da das Gemüse bei solch hohen Salzkonzentrationen aber durch Einweichen und Abspülen genießbar gemacht werden muss, rate ich Ihnen davon ab.

Falls Sie das Salz mit dem Löffel abmessen möchten, ermöglicht Ihnen die Tabelle (Seite 201) einen Überblick über Volumen und Gewicht verschiedener Salze. Letztendlich sollten Sie sich aber von Ihrem Gaumen leiten lassen.

Die Küchenausstattung

Zum Fermentieren von Gemüse brauchen Sie keine spezielle Ausrüstung. Damit die Rezepte gelingen, sollten Sie die folgenden Küchenutensilien zur Hand haben:

- **Schraubdeckelgläser.** Bestens geeignet zum Fermentieren sind Gläser mit möglichst weiter Öffnung (siehe Bezugsquellen, Seite 205), um das Einfüllen des Gemüses zu erleichtern. Auch Einmachgläser mit Gummiring und Bügelverschluss sind eine sehr gute Wahl. Gläser mit enger Öffnung können hingegen sehr nützlich sein, um das Gemüse zu verdichten und in der Lake zu halten.
- **Gewichte.** Ganz unabhängig davon, ob Sie Einmach- oder Schraubdeckelgläser verwenden, müssen Sie den Inhalt beschweren. In jedem Haushalt gibt es viele geeignete Gegenstände dafür (siehe „Gewichtige Helfer", Seite 26).
- **Große Schüsseln.** Zur Vorbereitung von direkt gesalzenem Gemüse wie Sauerkraut und Kimchi ist eine größere Schüssel vonnöten. Sie brauchen genügend Platz, um

das Salz gleichmäßig verteilen und es mit dem Gemüse vermengen zu können, ohne auf der Arbeitsfläche ein Chaos anzurichten oder anschließend den Boden putzen zu müssen.

- **Mixer, Küchenmaschine oder Pürierstab.** Für einige Rezepte in den Kapiteln „Saucen, Salsas und Dips" (Seite 127) und „Kimchi" (Seite 101) benötigen Sie einen Mixer. Bei vielen weiteren Rezepten ist eine Küchenmaschine eine angenehme Arbeitserleichterung. Manche Menschen hobeln oder raspeln den Kohl fürs Sauerkraut gern von Hand, aber eine große Küchenmaschine mit Schnitzelwerk kann bei der Vorbereitung viel Zeit sparen.
- **Großes Küchenmesser.** Ein gutes Messer erleichtert das Schneiden von Gemüse enorm.

Diese Gegenstände sind zwar nicht unbedingt notwendig, aber mit Sicherheit hilfreich:

- **Gemüse- oder Krauthobel.** Es geht auch ohne. Aber wer nicht so gut mit dem Küchenmesser umgehen kann, bekommt das Gemüse damit schnell, einfach und gleichmäßig klein.
- **Sehr große Schüssel oder Gastronorm-Behälter.** Je größer desto besser. Dank des enormen Fassungsvermögens der Schüsseln können Sie größere Mengen Kimchi und Sauerkraut salzen, mischen und ziehen lassen, ohne die Küche völlig in Beschlag zu nehmen. Ihr Durchmesser ermöglicht es, bei der Kimchi-Herstellung selbst ganze Chinakohlköpfe mit Tellern in die Lake zu drücken. Auch Gastronorm-Behälter (siehe Bezugsquellen, Seite 205) sind dafür geeignet.
- **Großer Messbecher.** Mischen Sie die Salzlake am besten direkt in einem Gefäß mit einem Fassungsvermögen von 1 Liter an. Alternativ können Sie dafür auch ein 2-Liter-Glas mit Messskala verwenden. Wenn etwas übrig bleibt, müssen Sie nur den Deckel zuschrauben und können die Lake bis zum nächsten Mal darin aufbewahren.
- **Küchenwaage.** Wenn Sie das Salz abwiegen möchten, brauchen Sie ein verlässliches, grammgenau geeichtes Modell.
- **Passiergerät.** Die Flotte Lotte ist für die Herstellung von sämigen Saucen unentbehrlich.
- **Kunststoffdeckel.** Sie kosten etwas mehr als die Twist-Off-Deckel, mit denen Schraubdeckelgläser üblicherweise geliefert werden. Dafür rosten sie nicht, wenn sich ein Stück Sauerkraut oder Kimchi am Rand oder im Gewinde verfängt. Da Kunststoffdeckel nicht wasserdicht sind, sollten Sie die Gläser lieber nicht schütteln.
- **Gärtopf.** Wenn Sie eine üppige Ernte milchsauer einlegen möchten, kann ein Gärtopf von großem Nutzen sein. Haben Sie jedoch kein eigenes Gemüse im Garten, dann rentiert sich die Anschaffung dieses verlockend schönen Gärgefäßes meist erst,

1 Cocktailzwiebelringe (Seite 66) füllen das Glas bis 4 Zentimeter unter den Rand.

2 Mit einem Tuch bedeckte Radieschen-Pickles mit Zwiebeln (Seite 44)

3 Ein Gewicht beschwert die Süßkartoffelnester (Seite 65).

wenn die Fermentation einen festen Platz in Ihrem Leben hat. Dies ist wahrscheinlich der teuerste Gegenstand, den Sie für die Fermentation kaufen werden. Zudem sollten Sie auch den Platzbedarf dafür einkalkulieren. Weitere Informationen zum Fermentieren im Gärtopf finden Sie in Kapitel 6, Seite 157 ff.

- **pH-Wert-Messgerät oder Indikatorpapier.** Falls Sie ohne Salz fermentieren oder das einzige mit Hefegärung hergestellte Rezept in diesem Buch (Knoblauchhonig, Seite 194) ausprobieren möchten, sollten Sie bei der Zubereitung auf einen sicheren pH-Wert achten.

Die Schlüssel zum Fermentationserfolg

Die erfolgreiche Gemüsefermentation erfordert nur wenige Schritte. Die meisten der zusammengetragenen Tipps und Tricks habe ich im Laufe meiner Fermentationspraxis selbst entdeckt. Sie verhelfen Ihnen zu bestmöglichen Ergebnissen, sind aber fast immer flexibel handhabbar. Anders verhält es sich mit den folgenden Informationen. Sie gehören zu dem unerlässlichen Grundwissen, das Sie brauchen, um überhaupt anfangen zu können. Wenn Sie sie verinnerlicht haben, sind Ihnen die Grundlagen der Gemüsefermentation vertraut.

1. Zum Beschweren des Gemüses

Damit keine Luft ans Gemüse kommt, muss es während der gesamten Fermentation von einer dünnen Lakeschicht bedeckt sein. Dies verhindert, dass es sich verfärbt und dass sich eine Hefe- oder Schimmelschicht an der Oberfläche bildet. Auf diese Weise entsteht auch das von den Milchsäurebakterien bevorzugte sauerstoffarme Milieu. Die Lakeschicht ist bei milchsauer eingelegtem Gemüse („Pickles", Seite 39 ff.) wichtiger als bei fest ins Glas geschichteten Fermenten („Sauerkraut", Seite 71 ff.) und bei Kimchi (Seite 101 ff.), bei denen oft darauf verzichtet werden kann.

Mit zunehmender Fermentationserfahrung werden Sie ein Gespür dafür entwickeln, wie streng Sie darauf achten müssen. Anfangs aber sollte es für Sie jedoch oberste Priorität haben, dass immer etwas Lake auf dem Gemüse steht.

Wichtige Regeln

Damit das ins Glas oder den Gärtopf geschichtete Gemüse unter der Lake bleibt, müssen Sie es lediglich mit einem Gewicht beschweren. Es gibt in jedem Haushalt viele Dinge, die sich für diese Aufgabe eignen, und wenn Sie zusätzliche Ausgaben vermeiden möchten, müssen Sie kreativ werden. Sicherlich finden Sie etwas in Ihrer Küche, das sich zum Beschweren des eingelegten Gemüses eignet. Die folgenden Tipps und Richtlinien helfen Ihnen, bestmögliche Ergebnisse zu erzielen:

- **Metall ist tabu.** Fermentiertes Gemüse sollte nicht mit Metall in Berührung kommen, sofern es sich nicht um Edelstahl in Gastronomiequalität handelt. Bei der Fermentation entstehen Säuren, die Metalle rosten lassen können.
- **Sauberkeit ist Trumpf.** Die Gewichte sollten gründlich gereinigt werden, bevor sie Teil des biochemischen Fermentationsvorgangs werden. Warmes Wasser und Seife (kein antibakteriell wirkendes Produkt!) sind völlig ausreichend. Sie können sie aber auch im Geschirrspüler mitwaschen.
- **Die Passform entscheidet.** Das verwendete Gewicht sollte natürlich problemlos durch die engste Stelle des Gärgefäßes passen. Wenn die Fermentation in Gang kommt, drückt das Kohlendioxid das Gemüse und manchmal auch das Gewicht nach oben. Ist es zu groß, können Glas oder Gärtopf zerbrechen, und Sie müssen sowohl Ihren Ansatz als auch das Gefäß abschreiben.
- **Je größer, desto besser.** Gefäße mit großer Öffnung erleichtern das Einschichten des Gemüses und die Wahl des Fermentationsgewichts.
- **Sicher ist sicher.** Einfallsreichtum ist die treibende Kraft der Fermentation. Daher rate ich Ihnen, jeden Gegenstand in Ihrem Haushalt als mögliches Gewicht in Betracht zu ziehen. Experimentieren Sie selbst, halten Sie Ausschau, welche Haushaltsgegenstände die genannten Anforderungen erfüllen, und prüfen Sie anschließend, ob diese lebensmittelecht sind. Kerzenständer aus Glas mögen Ihnen ideal erscheinen, benötigen aber eine säurebeständige Glasur. Meist kann der Hersteller Ihnen Auskunft darüber geben. Wenn nicht, müssen Sie die Suche fortsetzen.
- **Machen Sie dicht.** Wenn Sie spezielle Gäraufsätze (mehr dazu finden Sie auf der nächsten Seite) verwenden, müssen Sie das Gefäß nur noch korrekt verschließen. Aber auch, wenn Sie das Gemüse mit einem Gewicht unter die Lake drücken, müssen Sie das Glas auf die eine oder andere Weise abdecken. Ragt das Gewicht aus dem Fermentationsgefäß heraus, können Sie ein sauberes Geschirrtuch, eine Stoffserviette oder einen großen Kaffeefilter darüber ausbreiten und mit einem Gummiband fixieren. Dann ist das Gemüse vor Staub geschützt. Befindet sich das Gewicht aber vollständig im Fermentationsgefäß, legen Sie den Deckel darauf, verschließen ihn jedoch nicht vollständig. Auf diese Weise kann das entstehende Kohlendioxid entweichen und Sie verhindern, dass sich der Deckel bei der Fermentation verformt.

Mit einer ganzen Reihe von Gegenständen können Sie verhindern, dass während der Fermentation Luft ans Gemüse kommt.

Gewichtige Helfer

Es gibt viele Möglichkeiten, das Gemüse unter die Lake zu drücken. Die folgenden Gewichte kosten nicht viel oder sind in Ihrem Haushalt bereits vorhanden:

- **Ein kleineres Glas.** Dies ist meine Standardmethode: Nehmen Sie ein möglichst sauberes kleines Glas (z. B. ein kleines Schraubdeckelglas für Marmelade, Senf oder Ähnliches). Füllen Sie es mit Wasser, verschließen Sie es fest mit dem passenden Deckel und stellen Sie es in das Fermentationsgefäß. Das Gemüse sollte nun vollständig von Lake bedeckt sein. Breiten Sie ein sauberes Geschirrtuch, eine Stoffserviette oder einen großen Kaffeefilter über beide Gläser. Fixieren Sie die Abdeckung mit einem Gummiband am Rand des Fermentationsgefäßes.
  Diese Methode hat den Vorteil, dass gärungsbedingtes Kohlendioxid problemlos entweichen kann, während das Glasgewicht dafür sorgt, dass immer etwas Lake auf dem Fermentiergut steht. Die Flüssigkeit verhindert, dass zu viel Luft ans Gemüse kommt und dass sich Hefen oder Schimmel bilden. Der Nachteil ist, dass dabei Flüssigkeit verdunsten kann. Bei kurzen Fermentationszeiten ist das kein Problem. Wenn das Gemüse aber 1 Monat oder länger gären muss oder es sehr warm ist, müssen Sie das Gewicht vielleicht ab und zu etwas tiefer in die Lake drücken oder erneut Lake dazugeben.
- **Milchwächter aus Glas oder Keramik.** Die runden Glas- oder Keramikscheiben sind für wenig Geld in Haushaltswarengeschäften oder im Internet (siehe Bezugsquellen, Seite 205) erhältlich. Sie sind relativ schwer und lassen sich stapeln, um das Gewicht zu erhöhen. Hauptsache, sie passen durch die engste Stelle des Gärgefäßes.
- **Ein ausgekochter Stein.** Suchen Sie sich einen runden, flachen Stein. Kochen Sie ihn vor dem ersten Gebrauch etwa 20 Minuten aus, um unerwünschte Keime abzutöten, und lassen Sie ihn anschließend auskühlen. Meiden Sie jedoch Kalkstein und andere Sedimentgesteine, die Calcit enthalten, da dieses Mineral mit Säure reagiert und ins Gemüse übergeht.
- **Blindbackkugeln aus Keramik oder Glasmurmeln.** In ein sauberes Mulltuch eingeschlagen oder in einem Teenetz aus ungebleichter Baumwolle (ohne Metallbügel) eignen sie sich hervorragend als Gewichte.
- **Glasdeckel von Einmachgläsern.** Diesen Tipp habe ich von Diane, einer Leserin meines Blogs. Sie verwendet die Glasdeckel von Einmachgläsern als Fermentationsgewichte.
- **Druckverschlussbeutel (Frischhaltebeutel mit Zip-Verschluss).** Füllen Sie den Beutel mit Salzlake (aber machen Sie ihn nicht zu voll), verschließen Sie ihn und geben Sie ihn auf das Gemüse. Falls er undicht ist oder reißt, ändert die zusätzliche Lake nichts an der Salzkonzentration des Ansatzes.

Falls Sie lieber spezielles Fermentationszubehör und Fermentationsgewichte kaufen möchten, haben Sie mehrere Möglichkeiten zur Auswahl:

- **Beschwerungssteine.** Es gibt spezielle Fermentationsgewichte, die auch in Gläser mit weiter Öffnung passen und einzeln verwendet oder gestapelt werden können. In spezialisierten Online-Shops sind sie ab einem Durchmesser von 7,5 Zentimetern erhältlich (siehe Bezugsquellen, Seite 205). Kaufen Sie Beschwerungssteine am besten ausschließlich beim Fachhändler, wählen Sie Produkte aus Glaskeramik oder Steinzeug und achten Sie auf eine lebensmittelechte Glasur.
- **Spezielle Gärsysteme.** Die Fermentation von Gemüse wird immer beliebter und mittlerweile gibt es in den USA sogar spezielle Systeme, die das Gemüse im Glas unter die Lake drücken und gleichzeitig das Kohlendioxid entweichen lassen. Entsprechende Systeme für Einmachgläser sind hierzulande jedoch leider nur schwer zu bekommen. Alternativ können Sie aber in den Deckel Ihres Einmachglases ein Loch in der Größe eines Gummistopfens für Gärröhrchen bohren. Die entsprechenden Gärröhrchen samt Gummistopfen finden Sie im Internet (siehe Bezugsquellen, Seite 205). Diese „selbst gebaute" Variante ist preisgünstiger und funktioniert ebenso gut. Als komplettes System ist im Internet lediglich ein Einmachglas mit Deckel erhältlich, der mit einem speziellen Gärsystem ausgestattet ist und ganz ohne Gärröhrchen auskommt (siehe Bezugsquellen, Seite 205). Es gibt zudem für Schraubdeckelgläser von Ball Mason spezielle reCAP-Deckel (siehe Bezugsquellen, Seite 205), die mit Gummistopfen und Gärröhrchen nachgerüstet werden können. Sie sind allerdings relativ teuer.
- Daneben ist natürlich auch die Verwendung eines **Gärtopf**es zu empfehlen, dem in diesem Buch ein eigenes Kapitel gewidmet ist (siehe Seite 157 ff.). Im Internet werden mittlerweile komplette Gärtopfsets angeboten, bestehend aus Topf mit Wasserrinne, Deckel und Beschwerungsstein, in denen das Gemüse unter die Lake gedrückt wird, das Gemüse luftdicht verschlossen ist und gleichzeitig das Kohlendioxid entweichen kann. Gärtöpfe dieser Art sind in Größen von 2 bis 50 Litern Fassungsvermögen erhältlich (siehe Bezugsquellen, Seite 205). Wenn Sie mehrere Gemüsesorten gleichzeitig fermentieren möchten, führt die Anschaffung eines Gärtopfes etc. jedoch zu unverhältnismäßig hohen Kosten. Setzen Sie dagegen regelmäßig jeweils nur ein oder zwei Portionen an, so lohnt sich der Aufwand durchaus.

Jetzt brauchen Sie nur noch einen Beschwerungsstein für die Fermentation im Glas, der durch die Öffnung Ihres Einmachglases passt, um das Gemüse unter die Lake zu drücken.

2. Die richtige Temperatur

Kaum etwas beeinflusst die Fermentation so stark wie die Temperatur. Sie regelt ihre Geschwindigkeit und damit auch die Beschaffenheit des Gemüses. Und bei Fermentationsbeginn entscheidet sie sogar darüber, welche Milchsäurebakterien die Gärung einleiten.

Doch das macht die Fermentation keineswegs zu einer kniffeligen Angelegenheit. Sie kommt bei Temperaturen zwischen 17,8 und 25,6 °C problemlos in Gang, manche Gemüsesorten schmecken aber einfach besser, wenn sie in einer kühleren oder wärmeren Umgebung vergoren wurden. Sauerkraut hat meiner Ansicht nach am meisten Geschmack und Biss, wenn es unter 21,1 °C – möglichst bei 18,3 °C – fermentieren durfte. Bei Kimchi verhält es sich genau umgekehrt: Meine Lieblingskimchis vergären bei etwas wärmeren 21,1 bis 22,2 °C.

Es gibt allerdings Untersuchungen, die meinen praktischen Erfahrungen widersprechen. Zumindest eine Studie deutet darauf hin, dass 20 °C die optimale Fermentationstemperatur für köstliches Kimchi ist. Anderen Studien zufolge funktioniert ein breites Temperaturspektrum von 10 bis 22,2 °C gut. Was uns zu einem der wesentlichen Prinzipien von selbst fermentiertem Gemüse zurückbringt: Solange Sie sich an die in diesem Kapitel beschriebenen Grundregeln halten, bleibt reichlich Spielraum für Abwechslung und Ihre persönlichen Vorlieben. Letztendlich lässt sich die Fermentationstemperatur auch nicht permanent kontrollieren und das ist auch gar nicht erforderlich. Wenn die Fermentation sehr lange dauert (bei zu kalten Temperaturen) oder das Gemüse nicht genug Biss hat (an einem zu warmen Ort), können Sie verschiedene Standorte testen. In der Nähe der Klimaanlage ist es kühler, im ausgeschalteten Ofen oder auf dem Kühlschrank wärmer. Und denken Sie daran: Diese kleinen Unterschiede machen das Fermentieren erst richtig interessant!

3. Sauber, aber nicht steril

Wenn Sie übers Einkochen oder Hobbybrauen zur Gemüsefermentation gekommen sind, dürften Sie streng keimfreies Arbeiten gewohnt sein. Beim Fermentieren von Gemüse ist dies aber weder notwendig noch wünschenswert. Mikroorganismen sind unsere Freunde – und die Bakterien, die unser Gemüse vergären, können besonders gut auf sich (und auf uns) aufpassen. Darum Hände weg vom Desinfektionsmittel! Verzichten Sie auf das Auskochen der Gläser und vertrauen Sie stattdessen lieber auf Ihren Muskeleinsatz beim Abwaschen mit Wasser und biologisch abbaubarer Neutralseife. Für wohlschmeckendes und gesundheitlich unbedenkliches Sauergemüse genügt es, wenn Küche, Gläser, Zubehör und Hände sauber sind.

Worauf Sie bei der Fermentation achten sollten

Sie möchten das Gemüse ungehindert gären lassen, aber woran erkennen Sie, dass sich im Glas oder Gärtopf etwas tut? Die positive Nachricht: Wenn Sie gefiltertes Wasser verwenden und den Ansatz bei Zimmertemperatur stehen lassen, setzt die Fermentation in der Regel automatisch ein. Die folgenden Anhaltspunkte verraten Ihnen, dass alles ordnungsgemäß verläuft:

Aussehen: Bläschen und Farbwechsel

Wenn Sie im Glas fermentieren, sollten Sie Bläschen in der Lake und/oder Schaum an der Oberfläche sehen. Wenn Sie im Gärtopf mit Wasserrinne fermentieren, verrät ein gelegentliches Blubbern, dass es im Inneren kräftig gärt. Nicht alle Gemüsesorten fermentieren gleich stark. Bei größeren Stücken dauert es länger, ehe sich etwas tut, und es können durchaus ein paar Tage vergehen, bis es zu blubbern beginnt. Einige Ansätze sprudeln so stark, dass es aussieht, als würde die Lake brodeln. Bei anderen steigen nur ein paar Bläschen am Glas entlang nach oben oder vereinzelt bildet sich Schaum an der Oberfläche. In Zweifelsfällen gibt ein pH-Teststreifen (siehe Bezugsquellen, Seite 205) Auskunft: Bei einem Wert unter 4,0 können Sie das Gemüse essen. Bei einem Wert über 4,0 brauchen Sie noch etwas Geduld.

In den ersten Tagen trübt sich die ursprünglich klare Lake ein und im Laufe der Zeit können sich weiße Ablagerungen am Gefäßboden bilden. Beides sind Hinweise auf einen aktiven Fermentationsprozess. Bunte Gemüsesorten (wie z. B. Radieschen und Rote Bete) können ausbluten und die Lake kräftig einfärben.

Das tafelfertige Gemüse kann heller (Radieschen) oder dunkler (Rosenkohl) aussehen, als Sie es gewohnt sind. Es wird auch eine andere Beschaffenheit haben, aber in den meisten Fällen ist es knackig und hat Ähnlichkeit mit dem eingelegten Gemüse aus dem Naturkostladen oder Bio-Supermarkt. Falls es nicht den gewünschten Biss hat, stellen Sie den nächsten Ansatz an einen kühleren Ort oder salzen Sie etwas kräftiger.

Geruch: stechend und kräftig

Es gibt fermentiertes Gemüse, das von Natur aus einen intensiven Geruch verströmt oder sogar stinkt. Die meisten Menschen müssen sich daran erst gewöhnen oder sollten bei der Wahl des Gemüses zunächst vorsichtiger sein (und z. B. Brokkoli nicht in offenen Gärtöpfen ansetzen). Wenn Sie nicht wissen, wie fermentierte Produkte riechen, kaufen Sie am besten eine Packung frisches Sauerkraut mit lebenden Milchsäurebakterien. Sie finden es im Kühlregal. Lassen Sie es eine Weile stehen, bis es Zimmertemperatur hat, öffnen Sie die Verpackung und schnuppern Sie daran. Diesen leicht stechenden, aber nicht unangenehmen Geruch sollten auch Ihre eigenen milchsauren Kreationen haben.

Geschmack: sauer, salzig und klar

Fermentiertes Gemüse sollte frisch und säuerlich sein. Kurzum, es sollte lecker schmecken. Bei den meisten Menschen ist es Liebe auf den ersten Biss (aber der eine oder andere empfindet es anfangs vielleicht als Herausforderung).

Verdorbenes Gemüse erkennt man an buntem Schimmel oder daran, dass es nicht herb und klar, sondern muffig, faulig oder nach Käse riecht. „Umgekipptes" Gemüse ist zudem weich und matschig. Wenn nichts von alledem zutrifft, probieren Sie einfach ein Stück. Klare, säuerliche und salzige Aromen sollten auf Ihren Gaumen treffen. Wenn Sie schon einmal eingelegte Salzgurken gegessen haben, wissen Sie, dass diese im Geschmack deutlich vielschichtiger sind als die Essiggurken (Cornichons) aus dem Supermarkt. Doch dies ist nur ein kleiner Ausschnitt der facettenreichen Aromen, auf die Sie sich einstellen können. Der Geschmack von fermentiertem Gemüse ist komplex und Abweichungen sind nicht ungewöhnlich. Sauergemüse verdirbt nur selten bei der Fermentation und dies lässt sich verhindern, indem Sie die beschriebenen Grundregeln einhalten.

Häufig gestellte Fragen und Probleme, die bei der Milchsäuregärung auftauchen können

Es folgen die häufigsten Fragen und Probleme, die mir in meinen Seminaren begegnen. Dieser Abschnitt soll zum Nachschlagen dienen – oder Ihnen anfängliche Ängste nehmen.

„Wann ist das Gemüse fertig?"

Wenn der gewünschte Geschmack und Säuerungsgrad erreicht sind, ist es Zeit, das Sauergemüse in den Kühlschrank zu stellen. Bei allen Rezepten habe ich die Fermentationsdauer angegeben. Schmeckt das Gemüse jedoch nicht säuerlich genug, können Sie es gern etwas länger gären lassen. Je wärmer die Umgebung, desto schneller fermentiert es.

Fermentierte Nahrungsmittel sind lebendig. In den meisten Fällen wird auch der Umzug in den Kühlschrank die Fermentation nicht völlig unterbrechen. Rechnen Sie damit, dass Ihr Gemüse bei jeder Kostprobe etwas anders schmeckt. Je länger es gärt, desto säuerlicher wird es.

„Die Lake ist trüb und es befindet sich ein weißer Bodensatz im Glas."

Beim weißen Bodensatz handelt es sich um normale Ablagerungen von Bakterien und Hefen, die bei der Gärung entstehen. Bei einigen Gemüsesorten (Chilischoten, Seite 133, und Zuckerschoten, Seite 49) ist er besonders ausgeprägt, aber das ist kein Grund zur Besorgnis.

Auch die Eintrübung der Lake ist eine natürliche Folge der Fermentation. Das verwendete Salz hat keinen Einfluss darauf.

„Mein Gemüse schimmelt. Was soll ich tun?"

Schimmel oder eine Hefeschicht an der Oberfläche verraten, dass Sauerstoff ans Gemüse gelangt ist. Das ist an sich nicht bedenklich. Hat sich dagegen dichter dunkler oder bunter Schimmel gebildet, gehört das Gemüse in die Bio-Tonne. Bei einer weißlichen Schimmel- oder Hefeschicht an der Oberfläche ist der Ansatz aber noch nicht verloren. Sie sollten die Schicht umgehend entfernen, damit sie nicht noch dicker wird, und den pH-Wert überprüfen. Liegt er unter 4,0, können Sie das Gemüse verzehren. Bei Ansätzen mit Salz verlasse ich mich auf meine Nase: Wenn das Gemüse angenehm sauer riecht, esse ich es. Kleine Mengen von weißem oder beigefarbenem Schimmel sind harmlos, aber ein Teststreifen wird Ihnen zeigen, ob eine zweite Gärung stattgefunden hat und das Gemüse verdorben ist. Mir ist das noch nie passiert, und auch in der wissenschaftlichen Literatur sind nur wenige Fälle bekannt.

„Mein Gemüse ist viel zu weich geworden."

Wenn Sauergemüse weich und matschig ist, kann dies mehrere Gründe haben: Haben Sie zu sparsam gesalzen, war die Fermentationstemperatur zu hoch, die Fermentationsdauer zu lang oder haben Sie eine Starterkultur verwendet? Riecht das Gemüse angenehm säuerlich, dann können Sie es essen. Stört Sie der fehlende knackige Biss, können Sie es pürieren und in Saucen, Dips, Dressings, Suppen oder Eintöpfe geben.

Umgehen Sie dieses Problem, indem Sie das Gärgefäß beim nächsten Mal an einen kühleren Ort stellen und das Gemüse kräftiger salzen. Und verzichten Sie auf unnötige Starterkulturen!

„Mein Sauerkraut ist rosa, obwohl ich Weißkohl verwendet habe."

Wenn sich Weißkohl rosa färbt, wurde entweder zu viel Salz dazugegeben oder das Salz wurde zu Beginn der Fermentation nicht gleichmäßig verteilt. Vom Verzehr verfärbten Sauerkrauts rate ich Ihnen ab.

„Wie lässt sich die Geruchsentwicklung bremsen?"

Bei störenden Gerüchen haben Sie mehrere Möglichkeiten: Sie sollten vor allem wissen, dass einige Gemüsesorten geruchsintensiver vergären. Der Geruch von Kimchi mit Fischsauce, Blumenkohl, Rosenkohl oder Brokkoli kann ein Zimmer durchaus komplett ausfüllen. Wenn Sie die „aromatischeren" Gemüsesorten aber in Gläsern mit Gärröhrchen oder in Gärtöpfen mit Wasserrinne fermentieren, können Sie die Geruchsbildung vollständig oder teilweise verhindern. Vielleicht haben Sie aber auch die Möglichkeit, eine Ecke der Speisekammer oder einen Schrank für Ihre Gemüsefermente zu reservieren.

Mein Tipp für Geruchsempfindliche: Kühlen Sie fermentiertes Gemüse vor dem Verzehr. Das zähmt intensive Gerüche und macht Appetit.

„Mein Gemüse ist schleimig."

Haben Sie eine Starterkultur verwendet? Wenn ja, dann sollten Sie künftig darauf verzichten. Wenn nicht, haben vermutlich süßlich schmeckende Gemüsesorten wie Rote Bete oder Karotten die – in diesem Fall unerwünschte – Hefegärung begünstigt. Die meisten Sorten können Sie in Stücke in beliebiger Form und Größe schneiden. Bei süßeren Wurzeln sollten diese aber größer sein, damit der enthaltene Zucker nicht so leicht verfügbar ist.

„Es blubbert in meinem Glas!"

Bläschen sind ein gutes Zeichen und der Beweis dafür, dass es gärt. Die Bildung von Kohlendioxid ist eine natürliche Folge der Gemüsefermentation.

„Im Fermentationsgefäß sind keine Bläschen zu sehen."

Sind Sie absolut sicher, dass nichts prickelt und blubbert? Nicht alle Gemüse fermentieren lebhaft, und bei kühleren Temperaturen steigen in den ersten Tagen manchmal nur wenige Bläschen auf. Ist aber kein einziges zu sehen, könnte dies bedeuten, dass die Fermentation noch nicht eingesetzt hat. Mögliche Ursachen dafür können eine zu kühle Umgebung, Desinfektionsmittel im Trinkwasser oder bestrahltes Gemüse sein. Behalten Sie Gärgerüche und Oberflächenschaum im Blick.

Warten Sie noch ein Weilchen, und wenn Sie dann noch kein Lebenszeichen sehen, sollten Sie die genannten Verdächtigen als Schuldige in Betracht ziehen und das Gemüse neu ansetzen.

„Es blubbert nicht mehr! Ist der Ansatz verdorben?"

Wenn Sie das Gemüse nicht gekocht haben, ist es höchst unwahrscheinlich, dass die Bakterien plötzlich ihre Aktivität einstellen. Die meisten Gemüsesorten prickeln vermehrt in den ersten Tagen nach dem Ansetzen (mit wichtigen Ausnahmen, weshalb es nicht weiter bedenklich ist, wenn es über längere Zeit im Glas oder Gärtopf blubbert). Zu Beginn der Fermentation sind häufig Bakterien am Werk, die mehr Kohlendioxid produzieren als diejenigen, die später aktiv werden.

„Welche Temperatur ist für die Gemüsefermentation ideal?"

Ideal sind Temperaturen zwischen 17,8 und 24 °C, doch dieser Bereich ist durchaus flexibel. Die ideale Temperatur variiert je nach Gemüsesorte, Bakterienstamm und Geschmacksvorlieben. Ich habe festgestellt, dass die Fermentation bei großzügig definierten Zimmertemperaturen, die auch außerhalb des genannten Bereichs liegen können, sehr schmackhafte Ergebnisse liefert.

„Bei mir ist es kühler/wärmer. Kann ich trotzdem Gemüse fermentieren?"

Ja. Machen Sie einen Rundgang durch Ihre Wohnung oder Ihr Haus. In der Nähe der Heizung oder Klimaanlage, in einem kühlen Schrank oder im Keller, auf dem Kühlschrank oder im (ausgeschalteten) Backofen werden Sie wärmere oder kühlere Stellen finden. Falls wirklich kein Plätzchen im genannten Temperaturbereich liegt, versuchen Sie es trotzdem. Salzen Sie bei höheren Temperaturen kräftiger, verkürzen Sie die Fermentationszeit und überprüfen Sie regelmäßig den Biss Ihres Gärgemüses. Und bei kühleren Temperaturen, die jedoch über 10 °C liegen sollten, können Sie die Fermentationsdauer verlängern.

„Kann man Gemüse, das so lange herumsteht, bedenkenlos essen?"

Ja. Bei Zimmertemperatur fermentiert, ist Gemüse sogar unbedenklicher als roh oder gekocht. Die bei der Gärung entstehende Milchsäure verhindert, dass schädliche Bakterien gedeihen. Dieser Vorgang funktioniert am besten zwischen 17,8 und 24 °C.

„Bekomme ich gefährlichen Botulismus, wenn ich das Gemüse esse?"

Nein. Menschen fermentieren seit Jahrtausenden, und in all dieser Zeit wurde kein einziger Fall von Botulismus (schwerer Lebensmittelvergiftung) mit dem Verzehr fermentierten Gemüses in Verbindung gebracht. Das lässt sich weder von anderen Konservierungsmethoden noch von rohem Gemüse behaupten.

„Ist fermentiertes Gemüse roh?"

Ja. Erst beim Erhitzen über 43,3 °C stirbt ein großer Teil der Bakterien ab, die für die Gemüsefermentation verantwortlich sind.

„Kann man mit fermentiertem Gemüse kochen?"
Wenn Sie fermentiertes Gemüse kochen, sterben die probiotischen Bakterien ab. Aber fermentierte Nahrungsmittel verleihen Gerichten einen so köstlichen Geschmack, dass sich dieses Opfer gelegentlich lohnt. Bei Temperaturen, die deutlich unter 43,3 °C liegen, bleiben die probiotischen Bakterien gesund und munter.

„Enthält fermentiertes Gemüse Alkohol?"
Ja, fermentiertes Gemüse enthält etwas Alkohol. Nahrungsmittel und Getränke mit einem Alkoholgehalt unter 1,2 Volumenprozent müssen jedoch in Deutschland nicht gekennzeichnet werden und dürfen bei einem Alkoholgehalt unter 0,5 Volumenprozent als „alkoholfrei" bezeichnet werden. Lebensmittel können sogar bis 2 Volumenprozent Alkohol enthalten. Fermentiertes Gemüse enthält zwar winzige Mengen Alkohol, aber nicht so viel, dass dies auf dem Etikett vermerkt werden müsste. Sie wären überrascht, wenn Sie wüssten, wie viele der Nahrungsmittel aus dem Supermarkt geringe Mengen Alkohol enthalten. In Sauergemüse finden sich lediglich Spuren von Alkohol, die auch für Kinder oder Abstinenzler unbedenklich sind. Der Knoblauchhonig (Seite 194) ist das einzige Rezept, bei dem Hefen für die Gärung sorgen. Er kann einen ähnlichen Alkoholgehalt entwickeln wie schwacher Met, der etwa 6 Volumenprozent hat.

„Was ist beim Gemüsekauf zu beachten?"
Importgemüse kann bestrahlt sein und ist daher für die Fermentation nicht geeignet. In Deutschland sind mit ionisierenden Strahlen behandelte Lebensmittel kennzeichnungspflichtig, aber manchmal muss man sehr genau hinschauen, um den Hinweis zu entdecken. Besondere Vorsicht ist bei Ingwerknollen und Chilischoten geboten, die oft eingeführt und bestrahlt sind. Kaufen Sie daher besser regional angebautes Gemüse in Bio-Qualität!

„Woher weiß ich, ob gekauftes Sauerkraut/Sauergemüse/Kimchi probiotisch ist?"
Die Gemüsekonserven im Supermarktregal enthalten keine lebenden Bakterien. Probiotische Lebensmittel finden Sie in der Kühltheke. Achten Sie auf den Hinweis „mit lebenden Kulturen", „unpasteurisiert" oder „Frischkost". Damit gekennzeichnetes Sauerkraut enthält lebende Milchsäurebakterien.

Oder suchen Sie im Internet nach kleinen Herstellerbetrieben von fermentiertem Gemüse in Ihrer Region. Da sich der Transport fermentierter Nahrungsmittel als schwierig und zu teuer erweisen kann, kommen die hochwertigsten Produkte wahrscheinlich aus Ihrer näheren Umgebung. Erfreulicherweise schießen regionale Firmen in letzter Zeit wie Pilze aus dem Boden!

„Gibt es Gemüse, das nicht für die Fermentation geeignet ist?"
Theoretisch nicht. Wenn etwas in der Erde wächst, ist es von Milchsäurebakterien besiedelt, die unter günstigen Bedingungen mit der Fermentation beginnen. Allerdings erhöhen der Wassergehalt und die Konsistenz mancher Gemüsesorten die Wahrscheinlichkeit, dass beim Fermentieren eine knackige Köstlichkeit entsteht.

Grünkohl wird jedoch oft bitter, grüne Blattgemüse wie Spinat und Mangold werden schnell zu weich und entwickeln einen wenig wünschenswerten Geschmack. Aber lassen Sie sich nicht aufhalten! Wenn Sie große Mengen von einer Gemüsesorte haben, ist es einen Fermentationsversuch wert. Bei Gemüse, das neu für Sie ist, sollten Sie jedoch klein anfangen.

Und nun zu den Rezepten!

Manchmal will man am Anfang einfach nur ganz genau wissen, wie man vorgehen muss. Aus diesem Grund werden in diesem Buch alle Rezepte ausführlich beschrieben. Vergessen Sie nicht, es gibt viele Möglichkeiten, an die Fermentation heranzugehen. Und wenn Sie eine gefunden haben, die gut funktioniert, machen Sie einfach weiter damit! Ich wünsche Ihnen viel Spaß beim Fermentieren!

TEIL

II

Sauergemüse im Glas

Sie wissen jetzt, worauf es ankommt, und sind bereit für Ihre ersten Fermentationsversuche. In diesem Teil des Buches finden Sie zahlreiche Rezepte für Pickles, Sauerkraut, Kimchi und mehr.

Meist handelt es sich dabei um Portionsgrößen von 1 Liter. So bleiben Sie nicht auf 10 Litern Sauergemüse sitzen, das Ihnen möglicherweise nicht schmeckt, und können beliebig viele Eigenkreationen starten. Und Sie entscheiden selbst, wie Sie das Gemüse unter die Lake drücken bzw. welche Fermentationshelfer zu Ihrem häuslichen Umfeld sowie Ihren Finanzen passen. Haben Sie Spaß am Fermentieren, seien Sie flexibel und warten Sie einfach ab, bis die Bakterien das Gemüse in eine milchsaure Köstlichkeit verwandelt haben!

300
200
100

KAPITEL 1

Pickles

Bei milchsauer eingelegtem Gemüse denken die meisten Menschen an große würzige Dillgurken aus dem Feinkostgeschäft. Sie haben zu Recht Kultstatus, aber in der Welt der Sauergemüse gibt es noch viel mehr zu entdecken! Nahezu jedes Gemüse lässt sich milchsauer einlegen, von Rote-Bete-Scheiben (Rote Bete mit Kreuzkümmel und Basilikum, Seite 46) über Jicama-Stifte (Jicama-Pickles, Seite 49) bis hin zu gestiftelten Steckrüben (Steckrüben mit Rosmarin, Seite 60).

Pickles sind schnell gemacht. Man braucht für ihre Zubereitung nicht viel und muss nicht lange warten, bis man sie essen kann.

Kimchi und Sauerkraut gehören ebenfalls zu den milchsauer eingelegten Gemüsen. Genau genommen handelt das ganze Buch davon. In diesem Kapitel aber definieren wir Pickles als Gemüse, das im Ganzen oder geschnitten in Salzlake oder – sofern es sich nicht um Kohl handelt – direkt gesalzen fermentiert wird.

Ran ans Gemüse!

Beim Fermentieren ist aller Anfang leicht! Sie brauchen nur Gemüse, Salz, Wasser und ein Gefäß (bewährt hat sich ein großes Einmachglas; Alternativen finden Sie auf Seite 20 ff.). So gut wie jedes Gemüse, ob Kohlrabi oder Karotten, lässt sich zu wohlschmeckenden Pickles fermentieren. Manche Sorten werden reibungslos zu knackig-gesundem Sauergemüse (Radieschen-Pickles mit Zwiebeln, Seite 44, andere erfordern etwas mehr Aufmerksamkeit (Klassische Dillgurken, Seite 68).

Die Regeln – falls man sie so nennen kann

Bei der Herstellung von milchsauer vergorenem Gemüse gibt es nicht viele Regeln. Halten Sie sich möglichst an die Richtlinien, die gewährleisten, dass das fermentierte Ergebnis nach Ihrem Geschmack gelingt. Für unbedenklich genießbares Gemüse von bester Qualität beachten Sie folgende Prinzipien:

Schneiden Sie das Gemüse klein.

Das Schneiden vergrößert die Oberfläche, sodass die Milchsäurebakterien besser an den natürlich im Gemüse enthaltenen Zucker herankommen. Sie brauchen Zugang zu ihrer „Nahrung", damit die Fermentation reibungslos abläuft.

Drücken Sie das Gemüse unter die Lake.

Wenn Sie Schimmel, Kahmhefen oder Geschmacksverluste befürchten, ist die Salzlake Ihr bester Freund. Sorgen Sie dafür, dass bei der Fermentation stets eine dünne Lakeschicht auf dem Gemüse steht. Wie im ersten Teil bereits ausgeführt (siehe Seite 23 ff.), gibt es dafür verschiedene Möglichkeiten.

Geben Sie der Fermentation Zeit.

Die meisten Gemüsesorten benötigen eine Fermentationszeit von mehr als 3 Tagen, um einen pH-Wert von 4,6 und damit einen Säuerungsgrad zu erreichen, bei dem Clostridium botulinum nicht überleben kann. Absolute Gewissheit geben pH-Teststreifen, die im Internet oder im Hobbybraubedarf erhältlich sind (siehe Bezugsquellen, Seite 205). Sie sind im Allgemeinen aber nicht nötig. Nach 3 Tagen schmeckt das Gemüse noch nicht annähernd säuerlich genug. Nach einer vier- bis fünftägigen Gärung bei Zimmertemperatur liegt der pH-Wert des Gemüses aber fast immer unter 4,6. Für die meisten Liebhaber von milchsauer vergorenem Gemüse ist dies der früheste Zeitpunkt, an dem sich der Geschmack so weit entwickelt hat, dass sie den Verzehr in Betracht ziehen würden.

Das linke Glas ist gut gefüllt. Das Gemüse im rechten Glas ist anfälliger für die Bildung von Kahmhefen.

Wählen Sie das passende Gefäß aus.
Ohne Beschwerungsstein geht es nicht. Trotzdem sollten Sie das Glas nicht nur zur Hälfte mit Gemüse füllen, um den Rest mit Lake aufzugießen. Wenn das Glas nicht zum größten Teil mit Gemüse gefüllt ist, können sich leichter Schimmel oder Kahmhefen bilden.

Umgekehrt können auch beengte Verhältnisse und aus der Lake ragendes Gemüse eine Einladung für Schimmelpilze sein. Wenn das Kohlendioxid zu blubbern beginnt, kann ein übervolles Glas schnell zum Überlaufen der Lake führen. Entwichene Salzlake sollte dennoch wieder nachgefüllt werden. Meine Faustregel für die Fermentation im Glas lautet: Füllen Sie es bis etwa 5 Zentimeter unter den Rand mit Gemüse, gießen Sie mit Lake auf, bis noch 4 Zentimeter Platz nach oben sind, und beschweren Sie das Gemüse mit Gewichten. Zu Beginn der Fermentation ist es sinnvoll, das Glas auf einen Teller oder in eine Schüssel zu stellen, falls etwas überläuft.

Kühlen Sie das Gemüse auf keinen Fall.
Hat Ihnen Ihre Mutter beigebracht, Lebensmittel wegzuwerfen, die über Nacht nicht im Kühlschrank waren? Bei allem Respekt gegenüber Müttern möchte ich Ihnen dennoch ans Herz legen: Die Fermentation gelingt bei Zimmertemperatur besser. Meiner Erfahrung nach sind Fermentationstemperaturen zwischen 20 und 22,2 °C für Sauergemüse ideal. Bei Temperaturen zwischen 17,8 und 25,6 °C finden die Bakterien am ehesten günstige Bedingungen zur Säuerung Ihres Gemüses. Im Kühlschrank kommt der Fermentationsprozess oft gar nicht in Gang und verläuft auf jeden Fall erheblich langsamer. Kühlen Sie das Gemüse also erst, *nachdem* es Ihrem Geschmack entsprechend vergoren ist.

Probieren Sie öfter mal was Neues.

Für die Gemüsefermentation gibt es nur wenige Regeln. Trotzdem wurden alle Rezepte sorgfältig getestet. Wenn Sie die gleichen Ergebnisse erzielen möchten, sollten Sie sich genau an die Anleitung halten. Und wenn Sie genügend Fermentationspraxis haben, können Sie das Buch als Ausgangspunkt für eigene Sauergemüse-Kreationen verwenden. Salzkonzentration, Gemüsekombinationen, Gewürze und Fermentationsdauer lassen sich mit wenigen Ausnahmen beliebig anpassen. Solange Sie sich an die Richtlinien im ersten Teil halten, können Sie die Rezepte problemlos variieren. Ein Rezept sieht ein Gewürz vor, das Sie nicht mögen? Lassen Sie es einfach weg! Sie haben eine Idee, was Sie stattdessen dazugeben könnten? Nur keine Scheu! Lassen Sie sich beim Fermentieren von Ihrer Kreativität, Ihrem eigenen Geschmack und dem Wechsel der Jahreszeit leiten.

Pickles sind nicht gleich Pickles: Essiggesäuertes vs. Milchgesäuertes

Beim Einkochen wird Gemüse mithilfe von heißem Essig haltbar gemacht. Der Essig säuert es an und verleiht ihm zusammen mit den anderen Gewürzen seinen typischen Geschmack. Anschließend nehmen die Gemüsegläser ein langes Bad in kochendem Wasser, um die Aktivität aller Mikroorganismen zu unterbinden (vor allem der – sehr hitzebeständigen – Bakterien, die Botulismus verursachen, aber auch aller gesunden probiotischen Milchsäurebakterien). Danach können die geschlossenen Gläser bei Zimmertemperatur etwa 1 Jahr gelagert werden. Das Essiggemüse im Lebensmittelregal wird auf diese Weise hergestellt. **Essiggemüse enthält keine lebenden Bakterien.** Es ist hervorragend haltbar und schmeckt, wenn das Glas schließlich geöffnet wird, noch genauso wie am Tag seiner Abfüllung. Wie alle anderen gegarten Nahrungsmittel enthält es jedoch in der Regel weniger Vitamine als das rohe Ausgangsgemüse, ist nicht probiotisch und hat keinen nennenswerten gesundheitlichen Nutzen. **Milchsaures Gemüse ist das Gegenteil von Essiggemüse.** Anders als bei der Sterilisation beruht die Fermentation auf dem Wachstum gesunder Bakterien. Sie halten ihre schädlichen Konkurrenten zuverlässig in Schach. Milchsäurebakterien sind auf jedem Gemüse vorhanden. Sie ernähren sich von den natürlich in dem Gemüse enthaltenen Zuckern und verwandeln diese u. a. in Milchsäure und Kohlendioxid. Durch diesen Vorgang werden schädliche Bakterien abgetötet und es entsteht probiotisches Sauergemüse, das vor gesunden Bakterien strotzt.

Sobald Ihnen Ihr milchgesäuertes Gemüse in Geschmack und Konsistenz zusagt, sollten Sie es kühl lagern. Weil dieses Nahrungsmittel lebt, wird es sich im Laufe der Zeit auch im Kühlschrank weiter verändern. Je nach Geschmack, Gemüsesorte, Salzkonzentration, Herstellung und Lagerung sind Pickles zwischen 1 Woche und über 1 Jahr haltbar.

Im Gegensatz zum Essiggemüse kann fermentiertes Gemüse mit beachtlichen gesundheitlichen Vorteilen prahlen – von den reichlich enthaltenen gesunden Probiotika über einen höheren Vitamingehalt bis hin zur besseren Nährstoffaufnahme.

RADIESCHEN-PICKLES MIT ZWIEBELN – GELINGEN GARANTIERT

Zutaten

230 g große Radieschen, geputzt und ungeschält (am besten „Cherry Belle“ oder eine andere alte Sorte)

½ kleine Zwiebel (50 g), geschält und in feine Ringe geschnitten

1½ Teelöffel (9 g) grobes Meer- oder Steinsalz

1 Tasse (240 ml) gefiltertes Wasser

Jetzt geht's los. Die Fermentation von Gemüse ist praktisch narrensicher, und Radieschen-Pickles gelingen besonders gut. Bei mir fermentiert immer ein Glas davon vor sich hin, weil sie so leicht herzustellen sind und so gut schmecken, dass sie immer schnell verputzt sind. Sie eignen sich hervorragend für glutenfreie, kohlenhydratarme Vorspeisen – ob bei steinzeitlicher oder veganer Kost. Ich esse sie meist wie die Franzosen mit etwas Sauerrahmbutter oder einfach pur.

Von den Radieschen nur die unansehnlichen und weichen Stellen entfernen. In 5 Millimeter dicke Scheiben schneiden. Radieschen und Zwiebeln in ein 0,5-Liter-Glas mit weit er Öffnung schichten. Das Glas bis etwa 4 Zentimeter unter den Rand füllen.

Das Salz in dem Wasser auflösen und die Lake über das Gemüse gießen. Es sollte von einer dünnen Lakeschicht bedeckt sein. Die Radieschen eventuell mit einem sauberen Finger ins Glas drücken, um den Füllstand zu ermitteln.

Das Gemüse auf die bevorzugte Weise (siehe Seite 23 ff.) unter die Lake drücken und das Glas abdecken.

Das Glas auf einen kleinen Teller oder in eine kleine Schüssel stellen und bei Zimmertemperatur 6 bis 14 Tage stehen lassen.

Das Fermentationsgewicht entfernen, sobald der gewünschte Geschmack und Säuerungsgrad erreicht sind. Das Glas mit einem Deckel verschließen und in den Kühlschrank stellen. Gekühlt genießen.

Ergibt: 1 kleines Glas (450 Gramm)

ROTE BETE MIT KREUZKÜMMEL UND BASILIKUM

Zutaten

4–5 mittelgroße Rote Bete (450 g), geputzt und ungeschält

1½ Teelöffel (4 g) Kreuzkümmelsamen

1 Esslöffel (18 g) grobes Meer- oder Steinsalz

2 Tassen (480 ml) gefiltertes Wasser

⅛ Tasse (3 g) Basilikumblätter oder 1 Zweig Basilikum (nach Abschluss der Fermentation dazugeben)

Dieses Rezept ist aus einer Not heraus geboren. Mein Garten war voll mit Basilikum und in meinem Gewürzregal herrschte bis auf eine Dose Kreuzkümmelsamen gähnende Leere. Ein Glücksfall, denn sonst hätte ich diese köstliche Kombination wohl nie entdeckt. Bis heute gehört sie auf meinem Blog zu den beliebtesten Rezepten, und jedes Jahr trudeln zu Beginn der Rote-Bete-Saison ein paar begeisterte Emails ein, in denen es heißt, es seien „die besten Pickles aller Zeiten“.

Die Roten Beten in 5 Millimeter dicke Scheiben schneiden.

Kreuzkümmelsamen in ein 1-Liter-Glas geben und die Rote-Bete-Scheiben darüberschichten.

Das Salz in dem Wasser auflösen und das Glas mit der Lake auffüllen, bis das Gemüse damit bedeckt ist.

Das Gemüse auf die bevorzugte Weise (siehe Seite 23 ff.) unter die Lake drücken und das Glas abdecken.

Das Glas auf einen Teller oder in eine Schüssel stellen und bei Zimmertemperatur 1 bis 2 Wochen stehen lassen.

Das Fermentationsgewicht entfernen, sobald der gewünschte Geschmack und Säuerungsgrad erreicht sind. Das Basilikum dazugeben, das Glas mit einem Deckel verschließen und in den Kühlschrank stellen.

Das Basilikum nach 2 Tagen entfernen und die Pickles in den Kühlschrank stellen.

Ergibt: 1 Glas (900 Gramm)

Über den Umgang mit Kräutern und Gewürzen

Kräuter: Halbstrauch- oder Strauchgewächse wie Thymian oder Rosmarin halten sich gut in der Lake, aber frische Basilikum-, Minz- und Oreganoblätter sollten Sie besser erst gegen Ende der Fermentation dazugeben und nach wenigen Tagen wieder entfernen. Probieren Sie beide Möglichkeiten aus. Im schlimmsten Fall leiden die Kräuter etwas und schmecken nicht so kräftig wie erwartet.

Gewürze: Ich aromatisiere in Salzlake fermentiertes Gemüse am liebsten mit unzerkleinerten Samen und Gewürzen. Gemahlene Gewürze schwimmen oft auf und begünstigen dadurch die Bildung unschöner Hefen. Diese Regel gilt nicht immer, aber Sie sollten daran denken, wenn Sie die Wahl haben oder eine unerklärliche Hefeschicht das Gemüse ziert.

SAURE STECKRÜBEN MIT MEERRETTICH UND INGWER

Ich bin erst spät auf den Geschmack von frischem Meerrettich gekommen. Abgesehen von der Sauce einer gewissen Fast-Food-Kette, die ich als Kind so geliebt habe, ignorierte ich die knorrige Wurzel weitgehend. Als ich jedoch vor einigen Jahren anfing, sie frisch gerieben zu verwenden, war ich von der geschmacklichen Wucht selbst winziger Mengen begeistert. In diesem Rezept gleicht der Meerrettich die natürliche Süße der Steckrübe aus und wird durch die Fermentation gezähmt. Diese Pickles verfeinern nicht nur Roastbeef-Sandwiches!

Zutaten

½ mittelgroße Steckrübe (230 g)

1 Stück (2,5 cm) frische Ingwerwurzel, geputzt und ungeschält

1 Esslöffel (15 g) Meerrettichwurzel, ungeschält und gerieben

1½ Teelöffel (9 g) grobes Meer- oder Steinsalz

1 Tasse (240 ml) gefiltertes Wasser

Das Rübengrün entfernen. Weiche, verholzte oder unansehnliche Stellen wegschneiden, die Rübe aber nicht schälen.

Die Steckrübe in 1,5 Zentimeter breite und knapp 10 Zentimeter lange Stifte schneiden. Den Ingwer von allen weichen oder schwer zu reinigenden Stellen befreien und in dünne Scheiben schneiden.

Meerrettich sowie Ingwer in ein 0,5-Liter-Glas geben und die Steckrübenstifte daraufstellen. Dabei das Glas etwas neigen, damit sich die Stücke besser einschichten lassen.

Das Salz in dem Wasser auflösen und die Lake über das Gemüse gießen. Es sollte von einer dünnen Schicht bedeckt sein.

Das Gemüse auf die bevorzugte Weise (siehe Seite 23 ff.) unter die Lake drücken und das Glas abdecken.

Das Glas auf einen Teller oder in eine Schüssel stellen und bei Zimmertemperatur 10 bis 21 Tage stehen lassen.

Sobald der gewünschte Geschmack und Säuerungsgrad erreicht sind, das Gewicht entfernen, das Glas mit einem Deckel verschließen und in den Kühlschrank stellen.

Ergibt: 1 kleines Glas (450 Gramm)

MILCHSAURE MIXED PICKLES

Fermentation ist flexibel! Das glauben Sie nicht? Dann probieren Sie dieses Rezept aus. Alle Gemüsesorten sind dafür bestens geeignet – besonders gemischt. Ich habe zwar noch nicht alle möglichen Kombinationen ausprobiert und kann Ihnen daher nicht versprechen, dass alle schmecken, aber zu Hause gehe ich häufig so vor: Ich nehme, was das Gemüsefach hergibt und schaue mich dann auf dem Markt um. Welches Gemüse sieht besonders lecker aus? Davon nehme ich dann drei Stück. Dieses Rezept soll Sie anregen, das Gemüse, das Sie gerade zur Hand haben, zu schmackhaften gesunden Mixed Pickles zu verarbeiten.

Zutaten

120 g Zucchini, Sommerkürbis und Paprikaschoten, beliebig gemischt

110 g Zwiebeln, Schalotten, Lauch und frische Ingwerwurzel, beliebig gemischt

220 g Radieschen, Stangensellerie, Rote Bete, Rosenkohl, Blumenkohl und Karotten, beliebig gemischt

1–2 Knoblauchzehen (wenn gewünscht)

1 Esslöffel (18 g) grobes Meer- oder Steinsalz

2 Tassen (480 ml) gefiltertes Wasser

Zucchini, Sommerkürbis und/oder Paprikaschoten in 2,5 bis 5 Zentimeter breite Streifen schneiden. Zwiebeln sowie Schalotten schälen und würfeln. Den Lauch in 5 Millimeter dicke Scheiben schneiden. Den Ingwer reiben. Radieschen, Stangensellerie, Rote Bete, Rosenkohl, Blumenkohl und/oder Karotten in 2,5 Zentimeter große Stücke schneiden. Knoblauchzehen schälen und halbieren.

Den Knoblauch in ein 1-Liter-Glas geben und das Gemüse so einschichten, dass die kleinsten Stücke unten, die größten oben sind.

Das Salz in dem Wasser auflösen und die Lake über das Gemüse gießen. Es sollte von einer dünnen Schicht bedeckt sein.

Das Gemüse auf die bevorzugte Weise (siehe Seite 23 ff.) unter die Lake drücken und das Glas abdecken.

Das Glas auf einen Teller oder in eine Schüssel stellen und bei Zimmertemperatur etwa 2 Wochen stehen lassen.

Wenn der gewünschte Geschmack und Säuerungsgrad erreicht sind, das Fermentationsgewicht entfernen, das Glas mit einem Deckel verschließen und in den Kühlschrank stellen.

Ergibt: 1 Glas (900 Gramm)

SAURE ZUCKERSCHOTEN

Die Fermentation von Zuckerschoten ist etwas tückisch, da man verhindern muss, die knackigen Schoten gleich auf dem Heimweg vom Markt aufzuessen. Die Erfahrung hat mich gelehrt, am besten gleich die doppelte Menge zu kaufen, damit ich ein paar Gläser milchsaure Zuckerschoten genießen kann. Schneiden Sie beide Enden ab. Das hält die Schoten knackig und verhindert die Bildung unschöner Kahmhefen.

Zutaten

abgeriebene Schale von 1 Bio-Zitrone

2 Zweige (jeweils 5 cm) frische Minze

2 Tassen (150 g) Zuckerschoten, beide Enden entfernt

1½ Teelöffel (9 g) grobes Meer- oder Steinsalz

1 Tasse (240 ml) gefiltertes Wasser

Zitronenschale und Minze in ein 0,5-Liter-Glas geben und die Zuckerschoten einschichten.

Das Salz in dem Wasser auflösen und die Lake über das Gemüse gießen. Es sollte von einer dünnen Schicht bedeckt sein.

Das Gemüse unter die Lake drücken (siehe Seite 23 ff.), das Glas abdecken und bei Zimmertemperatur 5 bis 14 Tage stehen lassen.

Sobald der gewünschte Geschmack und Säuerungsgrad erreicht sind, das Gewicht entfernen, das Glas mit einem Deckel verschließen und in den Kühlschrank stellen. Gekühlt genießen.

Ergibt: 1 kleines Glas (450 Gramm)

EXTRA-TIPP

Zucker- und Paprikaschoten bilden mehr weißen Bodensatz als andere Gemüsesorten. Das ist völlig unbedenklich und ganz normal.

JICAMA-PICKLES

Freunde der mexikanischen Küche kennen die frische und saftige Jicama-Wurzel. Ich kombiniere sie oft mit typisch mexikanischen Aromen wie Limette, Knoblauch, Radieschen und Koriander. Deshalb war ich überrascht, als ich diese Zutaten aus einer Laune heraus durch Sternanis ersetzte. Das warme Backgewürz ergänzt die knackig-kühle Jicama perfekt. Wählen Sie Wurzeln mit dünner Schale und wenigen Flecken für besonders erlesene Pickles. Falls Sie nur Jicamas mit dickerer Schale finden, können Sie diese nach der Fermentation entfernen.

Zutaten

1 kleine Jicama-Wurzel (340 g)

3 Sternanise

1½ Teelöffel (9 g) grobes Meer- oder Steinsalz

1 Tasse (240 ml) gefiltertes Wasser

Von der Jicama-Wurzel alle Flecken und weichen Stellen entfernen, die Jicama aber nicht schälen. In 1,5 Zentimeter breite Stifte schneiden.

Sternanis in ein 0,5-Liter-Glas geben. Jicama-Stifte senkrecht in das Glas stellen und falls nötig etwas zusammendrücken, damit alle hineinpassen.

Das Salz in dem Wasser auflösen und die Lake über das Gemüse gießen. Es sollte von einer dünnen Schicht bedeckt sein.

Das Gemüse auf die bevorzugte Weise (siehe Seite 23 ff.) unter die Lake drücken und das Glas abdecken.

Das Glas auf einen kleinen Teller oder in eine kleine Schüssel stellen und bei Zimmertemperatur 1 bis 2 Wochen stehen lassen.

Wenn der gewünschte Geschmack und Säuerungsgrad erreicht ist, das Fermentationsgewicht entfernen, das Glas mit einem Deckel verschließen und in den Kühlschrank stellen. Das Gemüse gekühlt genießen.

Ergibt: 1 kleines Glas (450 Gramm)

BÁNH-MÌ-PICKLES

Zutaten

1 Daikon-Rettich (450 g)

4 Karotten (450 g)

4 Teelöffel (24 g) grobes Meer- oder Steinsalz

1 Jalapeñoschote

1½ Knoblauchzehen, geschält

Bánh mì ist der vietnamesische Ausdruck für „Brot". In den Vereinigten Staaten ist das ein leckeres Sandwich, bei dem sich verschiedene Aromen und Texturen perfekt verbinden. Ich mag es am liebsten mit milchsaurem Mix aus Daikon-Rettich und Karotten. Meine fermentierte Version entspricht allerdings nicht ganz der traditionellen. Sie enthält weniger Zucker, hat aber mehr Geschmack! Wenn Sie das Sandwich mit süßeren Pickles mögen, geben Sie vor dem Servieren 2 Teelöffel (12 Gramm) Zucker auf 1 Tasse (230 Gramm) Gemüse.

Daikon-Rettich sowie Karotten in feine Streifen schneiden und in einer Schüssel mit dem Salz mischen.

Die Jalapeñoschote der Länge nach halbieren, entkernen und beiseitestellen.

Den Knoblauch in feine Scheiben schneiden und unter das Wurzelgemüse heben.

Nach einer Weile ziehen die gesalzenen Rettich- und Karottenstreifen Saft. 1 Handvoll der feuchten Gemüsemischung in ein 1-Liter-Glas geben. Eine Jalapeñohälfte mit der Schnittfläche von innen gegen die Seitenwand drücken und die Spitze ins Gemüse stecken. Mit der Wurzelmischung fixieren. Mit der anderen Jalapeñohälfte auf der gegenüberliegenden Seite ebenso verfahren. Den übrigen Daikon-Karotten-Mix nach und nach fest ins Glas schichten, bis das Gemüse aufgebraucht ist und die Jalapeñohälften einen festen Stand haben.

Das Gemüse kräftig ins Glas drücken, damit sich möglichst viel Saft an der Oberfläche sammelt.

Dann den Daikon-Karotten-Mix auf die bevorzugte Weise (siehe Seite 23 ff.) unter die entstandene Lake drücken und das Glas abdecken.

Das Glas auf einen Teller oder in eine Schüssel stellen und bei Zimmertemperatur 1 Woche stehen lassen.

Sobald der gewünschte Geschmack und Säuerungsgrad erreicht sind, das Gewicht entfernen, das Glas mit einem Deckel verschließen und in den Kühlschrank stellen.

Ergibt: 1 Glas (900 Gramm)

Aber bitte mit Schale!

Sie können das Gemüse natürlich wie gewohnt auch vor der Fermentation mit kaltem Wasser waschen. Aber das Schälen ist tabu, denn die Bakterien für die Gärung sitzen auf der Schale. Und geschältes Gemüse fermentiert nicht immer oder so langsam, dass es zu Problemen mit Schimmel oder mit der Konsistenz kommen kann.

MILCHSAURER BLUMENKOHL MIT CURRY

Blumenkohl und Curry sind eine klassische Kombination! Ich serviere sie zu Reisgerichten oder gebe sie in Wintersalate (z. B. mit Grünkohl). Dieses Rezept ist eine Ausnahme der Regel, bei der Gemüsefermentation auf gemahlene Gewürze zu verzichten. Das Currypulver bleibt am Glasboden, aber sein Aroma geht während der Fermentation in die Lake über.

Zutaten

1 Esslöffel (6 g) Currypulver

340 g Blumenkohlröschen

1 Esslöffel (18 g) grobes Meer- oder Steinsalz

2 Tassen (480 ml) gefiltertes Wasser, zimmerwarm

Das Currypulver in ein 1-Liter-Glas geben. Die Blumenkohlröschen vorsichtig dicht an dicht einschichten, sodass sie nicht zerfallen.

Das Salz in dem Wasser auflösen und das Glas mit der Lake auffüllen, bis der Blumenkohl bedeckt ist. Die Röschen mit einem sauberen Finger unter die Lake drücken. Das Glas sollte bis etwa 4 Zentimeter unter den Rand gefüllt sein.

Das Gemüse auf die von Ihnen bevorzugte Weise (siehe Seite 23 ff.) unter die Lake drücken und das Glas abdecken.

Das Glas auf einen Teller oder in eine Schüssel stellen und bei Zimmertemperatur 10 bis 14 Tage stehen lassen. Der milchsauer eingelegte Blumenkohl behält seinen Biss.

Wenn der gewünschte Geschmack und Säuerungsgrad erreicht sind, das Fermentationsgewicht entfernen, das Glas mit einem Deckel verschließen und in den Kühlschrank stellen.

Ergibt: 1 Glas (900 Gramm)

PICKNICKSALAT MIT MILCHSAUREM BLUMENKOHL

Mein Standardbeitrag zum gemeinsamen Picknick. Dieser Salat lässt sich an alle Kostformen anpassen – sofern sie nicht gerade fettarm sind. Für ein Treffen mit veganen Freunden können Sie eine entsprechend zubereitete Mayonnaise verwenden. Für Fans der Steinzeitkost machen Sie die Mayo mit Ihrem Lieblingsnussöl selbst. Der Salat kommt immer bestens an und ist schnell verputzt.

Zutaten

½ Tasse (75 g) Delikatess-Mayonnaise

2 Teelöffel (10 g) Dijon-Senf oder süß-scharfer Senf

900 g Milchsaurer Blumenkohl mit Curry, abgetropft

2 Stängel Stangensellerie, geputzt und klein geschnitten

2 Frühlingszwiebeln, geputzt und in feine Ringe geschnitten

Mayonnaise und Senf in einer großen Schüssel verrühren. Den eingelegten Blumenkohl dazugeben und gut untermengen. Mit Stangensellerie sowie Frühlingszwiebeln vermischen und gekühlt servieren.

Ergibt: 4 Portionen

ROH-TATOUILLE

Für diese Variation des provenzalischen Klassikers verwenden Sie am besten nur die besten Spätsommergemüse. Anders als die gekochte Version steckt die Roh-tatouille randvoll mit probiotischen Bakterien und schmeckt abgetropft als erfrischender Sommersalat. Sie können dafür natürlich Ihre eigene Mischung mediterraner Gewürze verwenden, aber der Duft der bekannten „Kräuter der Provence" (aus Bohnenkraut, Majoran, Rosmarin, Thymian, Oregano und manchmal auch Lavendel) verzaubert auch Sie mit seinem provenzalischen Flair.

Zutaten

- ½ kleine Aubergine (200 g), kurz blanchiert, in Eiswasser abgeschreckt, trocken getupft und in 5 Millimeter dicke Scheiben geschnitten
- ½ rote Paprikaschote (75 g), geputzt und entkernt
- ¼ große Zwiebel (60 g), geschält
- 2 Teelöffel (3 g) Kräuter der Provence
- 3 kleine Zucchini (360 g), geputzt und in 2 cm große Würfel geschnitten
- 2 kleine Sommerkürbisse (240 g), geputzt und in 2 cm große Würfel geschnitten
- 1½ Esslöffel (27 g) grobes Meer- oder Steinsalz
- 3 Tassen (720 ml) gefiltertes Wasser
- ½ Tasse (20 g) gehackte Basilikumblätter zum Garnieren

Die Auberginenscheiben vierteln, Paprika und Zwiebel in 2,5 Zentimeter große Rauten schneiden.

Die Kräuter der Provence in ein 2-Liter-Glas geben (oder auf zwei 1-Liter-Gläser verteilen) und das Gemüse einfüllen.

Das Salz in dem Wasser auflösen und die Lake über das Gemüse gießen. Es sollte von einer dünnen Schicht bedeckt sein.

Das Gemüse auf die bevorzugte Weise (siehe Seite 23 ff.) unter die Lake drücken und das Glas abdecken.

Das Glas auf einen kleinen Teller stellen und bei Zimmertemperatur ohne direkte Sonneneinstrahlung 5 bis 7 Tage stehen lassen. Die fertigen Pickles sollten säuerlich schmecken und die Zucchini sollte noch knackig sein.

Sind der gewünschte Geschmack und Säuerungsgrad erreicht, das Gewicht entfernen, das Glas mit einem Deckel verschließen und in den Kühlschrank stellen. Vor dem Servieren abgießen und das gehackte Basilikum untermischen. Als Beilage servieren.

Ergibt: 1 großes Glas (1,8 Kilo)

MAIRÜBCHEN MIT MINZE

In den letzten Jahren haben die winzigen kugelrunden weißen Rüben der Sorte „Tokyo Cross“ die Bauernmärkte der Vereinigten Staaten im Sturm erobert. Sie kommen aus Japan und schmecken milder als größere Speiserüben. Dieses herrlich knackige Gemüse lässt sich hervorragend fermentieren und die ungewöhnliche Kombination mit frischer Minze sorgt für wahrlich erfrischende Pickles.

Zutaten

450 g Mairübchen oder kleine Speiserüben ohne Grün (am besten die Sorte „Tokyo Cross“)

1 Esslöffel (18 g) grobes Meer- oder Steinsalz

2 Tassen (480 ml) gefiltertes Wasser

3 Zweige (jeweils 7,5 cm) frische Minze (nach Abschluss der Fermentation dazugeben)

Die ungeschälten Rübchen putzen, vierteln und in ein 1-Liter-Glas geben. Es sollte bis etwa 2,5 Zentimeter unter den Rand gefüllt sein.

Das Salz in dem Wasser auflösen und die Lake über die Rübchen gießen. Sie sollten von einer dünnen Schicht bedeckt sein.

Das Gemüse auf die bevorzugte Weise (siehe Seite 23 ff.) unter die Lake drücken und das Glas abdecken.

Das Glas auf einen Teller oder in eine Schüssel stellen und bei Zimmertemperatur ohne direkte Sonneneinstrahlung 1 bis 2 Wochen stehen lassen.

Wenn der gewünschte Säuerungsgrad erreicht ist, das Fermentationsgewicht entfernen, die Minze dazugeben und das Gemüse erneut unter die Lake drücken. Das Glas mit einem Deckel verschließen und in den Kühlschrank stellen. Die Minze nach 3 Tagen entfernen. Jetzt können Sie die minzfrischen Rübchen genießen!

Ergibt: 1 Glas (900 Gramm)

RÜBEN-KAROTTEN-SCHEIBEN MIT KÜMMEL

Zutaten

1 Speiserübe (220 g)

1 kleine Karotte (120 g)

1 Teelöffel (2 g) Kümmelsamen

1 Teelöffel (4 g) Senfkörner

1 Teelöffel (6 g) feines Tafelsalz

½ Tasse (120 ml) gefiltertes Wasser

Hätte ich die Feinkost erfunden, dann wären Rüben-Karotten-Pickles das saure Standardgemüse geworden. Sie schmecken einfach köstlich – sowohl auf einem Sandwich als auch als Beilage. Oder Sie genießen ein paar dieser delikaten säuerlichen Pickles auf einer Scheibe Brot.

Das Rübengrün entfernen. Alle unansehnlichen, weichen oder verholzten Stellen wegschneiden, die Rübe jedoch nicht schälen.

Dann Rübe und Karotte in 5 Millimeter dicke Scheiben schneiden. Haben die Rübenscheiben einen größeren Durchmesser als das Glas, können Sie die Scheiben auch halbieren.

Kümmelsamen und Senfkörner in ein 0,5-Liter-Glas geben, die Rüben- und Karottenscheiben darüberschichten.

Das Salz in dem Wasser auflösen und die Lake über das Gemüse gießen. Es sollte von einer dünnen Schicht bedeckt sein.

Das Gemüse auf die bevorzugte Weise (siehe Seite 23 ff.) unter die Lake drücken und das Glas abdecken.

Das Glas auf einen kleinen Teller stellen und bei Zimmertemperatur 2 bis 3 Wochen stehen lassen.

Sobald der gewünschte Geschmack und Säuerungsgrad erreicht sind, das Gewicht entfernen, das Glas mit einem Deckel verschließen und in den Kühlschrank stellen.

Ergibt: 1 kleines Glas (450 Gramm)

Zutaten

450 g grüner Spargel

1 Teelöffel (4 g) Senfkörner

3 Knoblauchzehen, geschält

abgeriebene Schale von ½ Bio-Zitrone

4 Teelöffel (24 g) grobes Meer- oder Steinsalz

2 Tassen (480 ml) gefiltertes Wasser

SAURE SPARGEL-PICKLES

Wenn ich in der Gemüseabteilung Spargel aus der Region entdecke, neigt sich die Zeit der Eintöpfe und Kuscheldecken meist ihrem Ende zu. Ich setze schon früh ein Glas Spargel-Pickles an, um meine Geschmacksnerven an die frischen Aromen der wärmeren Jahreszeit zu gewöhnen. Verwenden Sie Spargelstangen mit mittlerem Durchmesser, die etwa gleich dick sind. Servieren Sie sie als schmackhafte Beilage oder beim Brunch als edles Bett für pochierte Eier.

Die holzigen Spargelenden abschneiden. Eine Spargelstange in ein 1-Liter-Glas stellen. Die Spitze sollte sich 2,5 bis 5 Zentimeter unter dem Rand befinden. Zu langen Spargel kürzen, noch einmal ins Glas stellen und die anderen Stangen auf die gleiche Länge bringen.

Senfkörner, Knoblauch und Zitronenschale in das Glas geben. Die Spargelstangen senkrecht daraufstellen. Das Glas etwas neigen, damit mehr Gemüse hineinpasst. Die Spargelstangen dabei weder quetschen noch anderweitig verletzen. Falls die Enden zu wenig Platz haben, können sie unangenehm schleimig werden.

Das Salz in dem Wasser auflösen und die Lake über den Spargel gießen. Er sollte von einer dünnen Schicht bedeckt sein.

Das Gemüse auf die bevorzugte Weise (siehe Seite 23 ff.) unter die Lake drücken und das Glas abdecken.

Das Glas auf einen kleinen Teller oder in eine kleine Schale stellen und bei Zimmertemperatur 5 bis 14 Tage stehen lassen.

Sind der gewünschte Geschmack und Säuerungsgrad erreicht, das Fermentationsgewicht entfernen, das Glas mit einem Deckel verschließen und in den Kühlschrank stellen. Gemüse gekühlt genießen.

Ergibt: 1 Glas (900 Gramm)

PAPRIKASCHOTEN IM GLAS

Zutaten

- 1 kleine rote Paprikaschote, geputzt und entkernt
- 1 kleine grüne Paprikaschote, geputzt und entkernt
- 2 Knoblauchzehen, geschält und geröstet
- abgeriebene Schale von 1 Bio-Zitrone
- 1 Teelöffel (3 g) Kapern
- 1 Teelöffel (2 g) frischer oder ½ Teelöffel (1 g) getrockneter Oregano
- 1 Prise Chiliflocken (wenn gewünscht)
- 1 Zweig frisches Basilikum
- 2 Teelöffel (12 g) grobes Meer- oder Steinsalz
- 1 Tasse (240 ml) gefiltertes Wasser

Als ich meine ersten Paprika-Pickles öffnete, war ich ziemlich traurig. Zu der Zeit fermentierte ich noch nicht lange und hatte mich daran gewöhnt, nach etwa 2 Wochen stets makellose Pickles zu bekommen. Die Paprikaschoten waren sehr weich, aber sie dufteten unbeschreiblich gut und ich probierte ein Stück. Es war köstlich! Damals lernte ich, dass sich nicht alle Gemüse bei der Fermentation gleich verhalten. Manche brauchen etwas weniger Zeit. Ich fermentiere Paprikaschoten heute manchmal sogar länger als 2 Wochen und gebe sie dann in den Salat oder auf die Pizza. Doch wenn sie knackig bleiben sollen, reichen 5 bis 6 Tage aus.

Die Paprikaschoten in 1,5 Zentimeter breite Streifen schneiden. Knoblauch, Zitronenschale, Kapern, Oregano und Chiliflocken in ein 0,5-Liter-Glas geben. Die Paprikastreifen vorsichtig senkrecht in das Glas schichten, sodass eine Streifenoptik entsteht. Wenn rote und grüne Streifen einander abwechseln, sehen die Pickles besonders lecker aus.

Den Basilikumzweig in die Mitte stecken, dank der kurzen Fermentationszeit wird er nicht matschig.

Das Salz in dem Wasser auflösen und die Lake über die Paprika gießen. Sie sollten unter einer dünnen Lakeschicht verschwinden, gleichzeitig sollte nach oben hin noch etwas Platz im Glas sein.

Das Gemüse auf die bevorzugte Weise (siehe Seite 23 ff.) unter die Lake drücken und das Glas abdecken.

Das Glas auf einen kleinen Teller oder in eine kleine Schale stellen und bei Zimmertemperatur 5 bis 6 Tage stehen lassen.

Sobald der gewünschte Geschmack und Säuerungsgrad erreicht sind, das Gewicht entfernen, das Glas mit einem Deckel verschließen und in den Kühlschrank stellen. Gekühlt genießen.

Ergibt: 1 kleines Glas (450 Gramm)

EXTRA-TIPP

Bei Paprika-Pickles trübt die Lake während der Fermentation stark ein. Kein Grund, sich Sorgen zu machen.

STECKRÜBEN MIT ROSMARIN

Zutaten

½ große Steckrübe (340 g)

2 Knoblauchzehen, geschält und in dünne Scheiben geschnitten

2 Teelöffel (12 g) grobes Meer- oder Steinsalz

2 Zweige (jeweils 13 cm) frischer Rosmarin

Diese Kreation wurde durch ein Gericht inspiriert, das ich bei meinem ersten Thanksgiving-Fest in Kalifornien zubereitete. Bei meiner Familie in Michigan war Steckrübenpüree an diesem Tag ein absolutes Muss. Meine kalifornischen Schwiegereltern waren von dem unterschätzten Supergemüse jedoch weniger angetan, deshalb wollte ich sie überzeugen – mit viel Knoblauch und ein paar Zweigen frischem Rosmarin aus dem Garten. An jenem Tag konnte die bescheidene Rübe ein paar meiner neuen Verwandten für sich gewinnen.

Das Rübengrün entfernen. Alle unansehnlichen, weichen oder holzigen Stellen wegschneiden, die Rübe aber nicht schälen.

Nach Möglichkeit mit dem Gemüsehobel in 5-Millimeter-Stifte schneiden oder mit dem Messer zunächst in 5 Millimeter dicke Scheiben und diese in 5 Millimeter breite Stifte aufteilen.

Steckrübenstifte, Knoblauch und Salz mit sauberen Händen in einer großen Schüssel vermengen. Vorsichtig kneten, bis das Gemüse Saft zieht und sich etwas Flüssigkeit angesammelt hat.

Ein Drittel der Steckrübenmischung in ein 0,5-Liter-Glas schichten und mit sauberen Fingern festdrücken. Einen Rosmarinzweig wie abgebildet in das Glas legen. Das zweite Drittel der Steckrübenmischung einfüllen, den Vorgang wiederholen und das restliche Gemüse ins Glas schichten. Den Saft aus der Schüssel dazugeben.

Das Gemüse auf die bevorzugte Weise (siehe Seite 23 ff.) unter die Lake drücken und das Glas abdecken.

Das Glas auf einen kleinen Teller oder in eine kleine Schale stellen und bei Zimmertemperatur 1 bis 3 Wochen stehen lassen.

Wenn der gewünschte Geschmack und Säuerungsgrad erreicht sind, das Gewicht entfernen, das Glas mit einem Deckel verschließen und in den Kühlschrank stellen. Gekühlt oder bei Zimmertemperatur servieren.

Ergibt: 1 kleines Glas (450 Gramm)

ROSENKOHL-PICKLES MIT HASELNÜSSEN

Zutaten

- 450 g Rosenkohl, geputzt
- 5 Knoblauchzehen, geschält
- 20 ungehäutete Haselnüsse, grob gehackt
- 2 Esslöffel (20 g) Senfkörner
- 4 Teelöffel (24 g) grobes Meer- oder Steinsalz
- 2 Tassen (480 ml) gefiltertes Wasser

Eines meiner absoluten Lieblings-Rosenkohl-Rezepte sind die gedünsteten und glasierten Röschen aus Mark Bittmans Buch *How to Cook Everything*. Ich bereite sie nach der Anleitung zu und verfeinere sie zum Schluss mit geröstetem Knoblauch, gehackten Haselnüssen und einem Löffel Senf. Eines Tages dachte ich mir, diese herrliche Kombination müsse sich doch hervorragend für Pickles eignen – und behielt recht! Die Fermentation von Rosenkohl neutralisiert den bitteren Geschmack, der beim Kochen oder Backen entstehen kann, ist jedoch etwas geruchsintensiver. Machen Sie sich auf ein kräftiges Aroma gefasst.

Die Rosenkohlröschen der Länge nach halbieren. Knoblauch, Haselnüsse und Senfkörner in ein 1-Liter-Glas geben. Die halbierten Röschen einfüllen und so schichten, dass unter dem Rand 2,5 bis 5 Zentimeter Spielraum bleiben.

Das Salz in dem Wasser lösen und die Lake über den Rosenkohl gießen. Er sollte von einer dünnen Schicht bedeckt sein.

Das Gemüse auf die bevorzugte Weise (siehe Seite 23 ff.) unter die Lake drücken und das Glas abdecken.

Das Glas auf einen kleinen Teller oder in eine kleine Schale stellen und bei Zimmertemperatur 3 bis 6 Wochen stehen lassen, in den kalten Monaten auch länger.

Sobald der gewünschte Geschmack und Säuerungsgrad erreicht sind, das Fermentationsgewicht entfernen, das Glas mit einem Deckel verschließen und in den Kühlschrank stellen. Gemüse gekühlt genießen.

Ergibt: 1 Glas (900 Gramm)

ZUCCHINIBROT IM GLAS

Meine Schwäche für Zucchinibrot verträgt sich schlecht mit meinem Wunsch, raffinierten Zucker möglichst zu meiden. Deshalb fand ich den Vorschlag meines Mannes, aus den gesunden Zutaten doch Pickles zu kreieren, nur für kurze Zeit abwegig. Dann machte ich mich ans Werk. Mit diesem fermentierten Gemüse können auch Sie das Verlangen nach Süßem in die Lust auf Saures verwandeln.

Zutaten

5 kleine Zucchini (450 g), geputzt

1 große Prise Muskatnuss, möglichst frisch gemahlen

1 Esslöffel (2 g) loser oder der Inhalt von 2–3 Beuteln Schwarztee

2 Esslöffel (15 g) Walnüsse, grob gehackt

2 Zimtstangen

1 Esslöffel (18 g) grobes Meer- oder Steinsalz

2 Tassen (480 ml) gefiltertes Wasser

Die Zucchini der Länge nach vierteln.

Muskatnuss, Schwarztee, Walnüsse und Zimtstangen in dieser Reihenfolge in ein 1-Liter-Glas geben. Die Zucchinistifte senkrecht hineinstellen.

Das Salz in dem Wasser lösen und die Lake über die Zucchini gießen. Sie sollten von einer dünnen Schicht bedeckt sein.

Das Gemüse auf die bevorzugte Weise (siehe Seite 23 ff.) unter die Lake drücken und das Glas abdecken.

Das Glas auf einen Teller oder in eine Schüssel stellen und bei Zimmertemperatur ohne direkte Sonneneinstrahlung 4 Tage stehen lassen. Ist es sehr warm, die Fermentationszeit um 1 Tag verkürzen. Ist es eher kühl, um 1 Tag verlängern.

Sind der gewünschte Geschmack und Säuerungsgrad erreicht, das Gewicht entfernen und das Glas mit einem Deckel verschließen. Das Gemüse können Sie etwa 1 Woche im Kühlschrank aufbewahren (oder bis es den Biss verliert). Zum Einsäuern von Zucchini siehe auch „Gurken und andere Sensibelchen", Seite 69.

Ergibt: 1 Glas (900 Gramm)

Was tun, wenn das Sauergemüse schlappmacht?

Milchsaures Gemüse, das im Kühlschrank weich geworden ist, muss noch lange nicht auf den Kompost. Fehlt ihm der Biss, so hat es in puncto knackige Konsistenz seine besten Zeiten schon hinter sich. Trotzdem hat es noch einiges zu bieten! Sauergemüse inklusive Lake sind ein Geschmackserlebnis und bestens für kulinarische Experimente geeignet. Geben Sie es in Suppen oder Eintöpfe und mischen oder pürieren Sie es in Dips oder Saucen. Ihrer Fantasie sind keine Grenzen gesetzt, wenn es darum geht, diesen Superstars eine zweite Chance zu geben.

EXTRA-TIPPS

Variationen: Bei der Fermentation zuerst die Schale von 1 Bio-Zitrone sowie 2 Teelöffel getrocknete Salbeiblätter und anschließend die Süßkartoffeln ins Glas geben. Gewürze vor dem Frittieren entfernen.

Gebackene Süßkartoffelnester: Die Süßkartoffeln abtropfen lassen. Mit 1 bis 2 Esslöffeln (15 bis 30 Millilitern) Olivenöl oder zerlassenem Kokosöl mischen. Die Nester formen und 15 Minuten bei 200 °C im Ofen knusprig backen.

FRITTIERTE SÜSSKARTOFFELNESTER

Ein französischer Koch erklärte mir, er könne stolz von sich behaupten, wirklich alles selbst zu machen, würde aber zu Hause nie Pommes frites zubereiten: „In einer kleinen Küche bekommt man sie einfach nicht hin." Außerdem müsse man die Kartoffeln mindestens 36 Stunden vor dem Frittieren wässern. Im Grunde werden leckere Pommes also fermentiert. Dieser Prozess verhindert, dass beim Garen schädliches Acrylamid entsteht, und verbessert die Konsistenz der fertigen Pommes. Bei diesem Rezept haben Sie zwei Möglichkeiten: Freunde und Familie geben den frittierten Süßkartoffeln klar den Vorzug, aber auch die gebackenen werden knusprig und schmecken besser als das, was man in vielen Restaurants vorgesetzt bekommt. Grundsätzlich sind Pommes frites jedoch keine gesunde Kost! Servieren Sie die Nester nach Belieben mit Tomaten-Ketchup oder pochierten Eiern und Grünkohl.

Zutaten

- **900 g Süßkartoffeln, ungeschält und mit dem Spiralschneider zu dünnen Locken verarbeitet**
- **4½ Teelöffel (27 g) grobes Meer- oder Steinsalz**
- **1½ Tassen (360 ml) gefiltertes Wasser**
- **1 l hoch erhitzbares naturreines Pflanzenöl (zum Frittieren)**

Die Süßkartoffelspiralen in ein 1-Liter-Glas geben.

Das Salz in dem Wasser lösen und die Lake über die Süßkartoffeln gießen. Sie sollten von einer dünnen Schicht bedeckt sein.

Das Gemüse auf die bevorzugte Weise (siehe Seite 23 ff.) unter die Lake drücken und das Glas abdecken.

Das Glas auf einen kleinen Teller oder in eine kleine Schüssel stellen und bei Zimmertemperatur 5 bis 7 Tage stehen lassen.

Die Lake abgießen, die Süßkartoffeln auf einem Geschirrtuch ausbreiten und trocken tupfen.

Das Öl in einem schweren Topf mit 3 Litern Fassungsvermögen auf 180 °C erhitzen. In der Zwischenzeit die Süßkartoffeln weiter trocken tupfen. Die Spiralen entwirren und aus jedem Strang ein kleines Nest formen. Die Reste zu ähnlich großen Häufchen türmen.

Einen Teller mit Küchenpapier auslegen.

Die Süßkartoffelnester in dem heißen Öl portionsweise schwimmend ausbacken. Dazu die Nester einzeln vom Löffel in das heiße Fett gleiten lassen. Jeweils nur 3 bis 4 Nester auf einmal hineingeben, damit der Topf nicht zu voll wird, und 45 bis 60 Sekunden frittieren. Werden die Nester braun, waren sie zu lange im Fett. Mit dem Schaumlöffel herausnehmen und auf Küchenpapier abtropfen lassen.

Warten Sie, bis das Öl wieder heiß genug ist, um die nächste Portion zu verarbeiten. Auf diese Weise weiterarbeiten, bis alle Nester knusprig ausgebacken sind. Das Öl kann noch ein paar Tage aufbewahrt und für andere Gerichte verwendet werden.

Ergibt: etwa 20 Nester

COCKTAILZWIEBELRINGE

Cocktailzwiebeln werden normalerweise aus Perlzwiebeln hergestellt, wobei das Schälen mühsam werden kann. Mit Zwiebelringen umgehe ich dieses Problem. Auf Burger oder Sandwiches getürmt, schmecken die Ringe äußerst lecker, aber auch im Martiniglas machen sie sich sehr gut.

Zutaten

2 mittelgroße Zwiebeln (jeweils 150 g), geschält

8 Wacholderbeeren

2 Pimentkörner

abgeriebene Schale von 1 Bio-Zitrone

1 Esslöffel (5 g) Pfefferkörner

2 Lorbeerblätter

1 Zweig (7 cm) frischer Thymian

1½ Teelöffel (9 g) grobes Meer- oder Steinsalz

1 Tasse (240 ml) gefiltertes Wasser

Die Zwiebeln in 1,5 Zentimeter dicke Scheiben schneiden.

Die Gewürze in ein 0,5-Liter-Glas geben, die Zwiebelscheiben bis 4 Zentimeter unter den Rand einschichten.

Das Salz in dem Wasser lösen und die Lake über die Zwiebeln gießen. Sie sollten von einer dünnen Schicht bedeckt sein.

Das Gemüse auf die bevorzugte Weise (siehe Seite 23 ff.) unter die Lake drücken und das Glas abdecken.

Das Glas auf einem Teller oder in einer Schale bei Zimmertemperatur 1 bis 2 Wochen stehen lassen.

Sobald der gewünschte Geschmack und Säuerungsgrad erreicht sind, das Gewicht entfernen, das Glas mit einem Deckel verschließen und in den Kühlschrank stellen.

Ergibt: 1 kleines Glas (450 Gramm)

EXTRA-TIPP

Für dieses Rezept werden die Zwiebeln nach ihrem Durchmesser ausgewählt (die Scheiben sollten sich im Glas stapeln lassen). Ist die größte Scheibe jedoch zu groß, können Sie den äußersten Ring entfernen und ihn für andere Zwecke verwenden.

DIRTY GIBSON

Wenn Ihnen das Leben (oder das eigene kulinarische Geschick) eingelegte Zwiebeln schenkt, dann mixen Sie Gin-Cocktails! Sie machen zwar weder gesünder noch klüger oder reicher, aber sie beschwingen die Geschmacksknospen.

Zutaten

1–2 Cocktailzwiebelringe

4 Esslöffel (20 ml) Saft der Cocktailzwiebelringe

75 ml Gin

¾ Teelöffel (4 ml) trockener Wermut

Eiswürfel (Menge nach Wunsch)

Die Zwiebelringe in ein Martiniglas geben. Im Shaker Zwiebellake, Gin, Wermut und Eis kräftig schütteln und ins Glas abseihen. Gekühlt servieren.

Ergibt: 1 Cocktail

Zutaten

- 450 g Einlegegurken, frisch gepflückt
- 1 Esslöffel (10 g) Senfkörner
- 1 Knoblauchknolle, geschält
- 2 Teelöffel (4 g) Pfefferkörner
- 4 Dillkronen oder ½ Bund Dill
- 4 Weinblätter
- 1 Esslöffel (18 g) grobes Meer- oder Steinsalz
- 2 Tassen (480 ml) gefiltertes Wasser

KLASSISCHE DILLGURKEN

Saure Gurken sind einfach der Hit! Sie sind der perfekte Einstieg in die aromatische Welt feiner Fermente. Die Herstellung klassischer saurer Gurken ist anspruchsvoll, aber mit den Tipps und Tricks auf der nächsten Seite gelingen sie garantiert.

Die Gurken gut waschen und 30 Minuten in Eiswasser legen. So bleiben sie beim Fermentieren knackig.

Von beiden Gurkenenden ein hauchdünnes Stück entfernen und die Gurken der Länge nach vierteln.

Senfkörner, Knoblauch, Pfefferkörner, Dillkronen und Weinblätter in ein 1-Liter-Glas geben und die Gurkenstifte daraufstellen.

Das Salz in dem Wasser auflösen und die Lake über die Gurken gießen. Sie sollten von einer dünnen Schicht bedeckt sein.

Die Gurken auf die bevorzugte Weise (siehe Seite 23 ff.) unter die Lake drücken und das Glas abdecken.

Das Glas auf einen kleinen Teller oder in eine Schale stellen und bei Zimmertemperatur 3 Tage stehen lassen.

Das Gewicht herausnehmen, das Glas mit einem Deckel verschließen und in den Kühlschrank stellen. Dort sollten sich die Aromen noch 1 Woche verbinden. Die fertigen Gurken innerhalb von 2 Wochen verzehren, sie verlieren sonst ihren Biss.

Ergibt: 1 Glas (900 Gramm)

Gurken und andere Sensibelchen

Milchsaure Gurken sind der Inbegriff für eingelegtes Gemüse, aber gleichzeitig sind sie wohl am schwierigsten zu fermentieren! Die folgenden Tricks sorgen dafür, dass Ihre sauren Gurken immer perfekt gelingen. Sie sind auch bei Zucchini (Zucchinibrot im Glas, Seite 63), Sommerkürbis und anderem zarten Gemüsesorten sehr nützlich.

- **Machen Sie's kurz.** Bei vielen Gemüsesorten ist die Fermentationsdauer relativ. Je länger sie gären, desto säuerlicher wird ihr Geschmack. Das ist eine Frage der persönlichen Vorlieben. Bei zarteren Sorten wie Gurken sollten Sie jedoch die kürzeren Fermentationsempfehlungen strenger einhalten, sonst haben Sie statt bissfesten Genusses schnell Mus im Glas.
- **Setzen Sie auf Tannine.** Das Weich- und Hohlwerden saurer Gurken ist nicht selten. Es lässt sich u. a. durch die Zugabe von Tanninen verhindern. Tannine (siehe Seite 160) stützen die Gemüsepektine und erhalten den Biss!
- **Entfernen Sie das Blütenende.** Die Enzyme, die den Fäulnisprozess auslösen, sitzen im Blütenende der Gurke, nicht im Stielende. Wenn Sie ein winziges Stück vom Blütenende wegschneiden, entfernen Sie zugleich einen Teil der Enzyme. Das erhöht die Wahrscheinlichkeit, dass Ihre Gurken fest bleiben.
- **Bleiben Sie bescheiden.** Bei der Herstellung saurer Gurken gilt: je kleiner, desto besser. Versuchen Sie möglichst nicht, Salatgurken einzusäuern, sondern verwenden Sie die kleinsten Einlegegurken, die Sie finden können.
- **Würzen Sie großzügig.** Vielleicht muss man Gurken deshalb besonders kräftig würzen, weil sie oft im Ganzen ins Glas kommen. Bei Rote-Bete-Pickles genügen ein paar Knoblauchzehen, während ich bei sauren Gurken die ganze Knolle brauche. Das gilt auch für Kräuter und Gewürze.
- **Geben Sie Gurken stets erntefrisch ins Glas.** Das ist vermutlich der wichtigste Punkt auf dieser Liste! Bauen Sie Ihre Einmachgurken am besten selbst an oder kaufen Sie sie auf dem Bauernmarkt und legen Sie sie so schnell wie möglich ein. Selbst, wenn nach der Ernte nur wenige Tage vergehen, können sie weich oder hohl werden.
- **Essen Sie Gurken zügig auf.** Im Kühlschrank halten viele Sauergemüse monatelang. (Es sei denn, Sie können einfach nicht so lange widerstehen!) Und gelegentlich sind auch saure Gurken 2 Monate und länger haltbar. (Ich habe sogar nach einem Jahr noch ein einwandfreies Glas gefunden.) Aber normalerweise sollten Sie sie zügig verzehren, solange sie noch Biss haben.

KAPITEL 2

Sauerkraut

Ich bin ein realistischer Mensch. Obwohl mir bei dem Gedanken, ein Glas mit frischem Sauerkraut zu öffnen, das Wasser im Mund zusammenläuft, ist mir durchaus bewusst, dass die Vorstellung von fermentiertem Kohl für andere Menschen eine Herausforderung sein kann. Aber Mitglieder im Clan der Sauerkraut-Selbstversorger wissen, „fermentiert" bedeutet „köstlich".

Experimentierfreudigen kann Sauerkraut als eine Art Vorlage dienen, die sie so einfach oder komplex abwandeln, wie sie möchten. Ein Glas nach dem Grundrezept vergorenes Sauerkraut (Seite 76) schmeckt alles andere als nichtssagend. Bei der Gärung entstehen Säuren und andere Verbindungen, die ihm einen kräftigen, unverwechselbaren Geschmack verleihen. Mit Gewürzen lässt sich Sauerkraut zunächst in überraschende Richtungen lenken (Asiatisches Satay-Sauerkraut, Seite 90), aber die Kraft der Fermentation verbindet die unterschiedlichen Aromen vorzüglich zu einem wohlschmeckenden Ganzen. Ich übertreibe nicht, wenn ich sage, dass es für jedes Menü das richtige Kraut gibt – und sogar fürs Dessert (Karotten-Delikatess-Kraut, Seite 98).

Tipps und hilfreiche Grundregeln

Die im ersten Teil genannten Prinzipien gelten auch für die folgenden Rezepte. Hier noch ein paar spezielle Tipps für die Herstellung von Sauerkraut:

Die Qual der Wahl

Rotkohl, Weißkohl und Wirsing machen nur einen winzigen Teil der zum Fermentieren geeigneten Kohlsorten aus. In meiner Heimat Pennsylvania (alias *American Kraut Country*) wird auf Bauernmärkten eine überwältigende Vielfalt von unterschiedlichen Kohlsorten angeboten. Und bislang ist mir noch kein Kohl begegnet, aus dem sich nicht ein köstliches Kraut zubereiten ließe. Aber die Unterschiede in Wassergehalt und Blattdichte können beim fermentierten Endprodukt leichte Abweichungen hervorrufen. Rotkohl muss beispielsweise länger gären als Weißkohl, bis die typische Textur erreicht ist.

So schneiden Sie den Kohl

Während sie Kohl fürs Sauerkraut schneiden, erleben manche Menschen Momente der Ruhe in einer hektischen Welt. Diese Beschäftigung hilft ihnen, endlich einmal abzuschalten. Falls Sie auch dazugehören, brauchen Sie nur ein paar große Schüsseln und ein scharfes Küchenmesser. Entfernen Sie die äußeren Blätter und den Strunk und schneiden Sie den Kohl in gleichmäßige Streifen von etwa 5 Millimetern Breite.

Für die Bequemeren unter uns (wie mich!) gibt es Küchenmaschinen mit Schnitzelwerk sowie Vierkantreiben, Gemüsehobel und Krauthobel. Verwenden Sie das Hilfsmittel, mit dem Sie am besten zurechtkommen.

Bis auf wenige Ausnahmen wurde der Kohl für die Rezepte in diesem Kapitel mit der Hobelscheibe der Küchenmaschine in 5 Millimeter breite Streifen geschnitten. Falls er geraspelt werden muss, enthalten die Rezepte einen entsprechenden Hinweis. Das Salz zieht die Flüssigkeit aus dem Kohl und reduziert dadurch sein Volumen. Wenn Sie ihn lieber raspeln, sollten Sie bedenken, dass kleinere Stücke schneller vergären und Sie schon 1 Woche früher als angegeben probieren sollten, ob Sie sich dem gewünschten Säuerungsgrad annähern. Kleinere Stücke brauchen zudem weniger Platz und nehmen Gewürze besser an. Wenn Sie den Kohl raspeln möchten, sollten Sie 15 bis 30 Gramm mehr ins Glas geben und sparsamer würzen.

Sie können sogar den harten Strunk mitfermentieren. Da diese Stücke langsamer vergären, sollten Sie jedoch auf unterschiedliche Texturen und Säuerungsgrade gefasst sein. Falls Sie „einheitlicheres" Sauerkraut vorziehen, den Strunk aber nicht auf den

Kompost werfen möchten, können Sie ihn klein geschnitten in Lake zu Sauergemüse fermentieren.

Heben Sie die äußeren Blätter auf

Entfernen Sie alle etwas welken und unschönen Blätter. Im Abschnitt „Ein Kohlblatt als Deckel" (Seite 75) erfahren Sie, wozu diese noch nützlich sein können.

Massieren Sie den Kohl

Gönnen Sie dem Kohl etwas Wellness und kneten Sie ihn nach dem Salzen sanft durch. So gelangt das Salz in die Zellen und er zieht schneller Flüssigkeit. Vermengen Sie ihn gründlich mit dem Salz, damit es sich gleichmäßig verteilt, und lassen Sie ihn 20 Minuten oder so lange stehen, wie Sie zur Vorbereitung der übrigen Zutaten brauchen. Wenn Sie nach dieser Pause weitermachen, ist der Kohl schon geschmeidiger – entspannt sieht er dem sanften Druck Ihrer Hände entgegen, die ihn wendig in eine abfüllbereite Masse verwandeln.

So füllen Sie Glas oder Gärtopf

Das Füllen des Gärgefäßes ist besonders wichtig. Wenn Sie alles richtig gemacht haben, sollten Sie nun beim Anblick der Schüssel mit gehobeltem und gesalzenem Kohl feststellen: „Das passt doch niemals ins Glas."

Geben Sie zunächst nur kleine Mengen hinein, die Sie gut festdrücken, damit der Zellsaft nach oben steigt. Wenn das Glas zu einem Drittel gefüllt ist, verdichten Sie den Inhalt durch Druck mit der Faust. Fixieren Sie das Kraut dann mit der flachen Hand und gießen Sie etwas Flüssigkeit ab. So passt noch mehr Kraut ins Glas.

Würzen Sie das Kraut

Anders als in Lake eingelegte Pickles liebt Sauerkraut gemahlene Gewürze. Ein Teil davon geht zwar mit dem Saft verloren, der sich beim Salzen sammelt und es nicht bis ins Glas schafft, aber das ist in Ordnung. Sie können das Problem beheben, indem Sie den überschüssigen Zellsaft nach dem Massieren und vor dem Würzen abgießen. Aber schütten Sie nichts weg. Vielleicht müssen Sie einen Teil davon als Flüssigkeitsbarriere ins Glas geben, nachdem Sie das gesamte Kraut eingeschichtet haben.

Gießen Sie etwas Flüssigkeit ab, damit mehr Kraut ins Glas passt.

Die geeigneten Fermentationsbedingungen

Bei Sauerkraut sind längere Fermentationszeiten und kühlere Temperaturen von Vorteil. Man kann es zwar schon nach wenigen Tagen bei Zimmertemperatur verzehren, aber erst nach Wochen sind Geschmack und Konsistenz optimal. Ich möchte Sie beim ersten Versuch zu häufigen Stichproben anregen. So lernen Sie, was Ihnen am besten schmeckt. Je länger das Kraut gärt, desto säuerlicher wird es.

Bläschenbildung

In den ersten Tagen wird Ihr Sauerkraut kräftig blubbern, aber mit der Zeit verändert sich das Verhältnis der Bakterien und es steigen weniger Bläschen auf. Das ist ganz normal. Es blubbert weniger, aber die Gärung ist noch lange nicht abgeschlossen.

Ein Kohlblatt als Deckel

Die nicht ganz perfekten äußeren Kohlblätter, die Sie zunächst entfernt und beiseitegelegt haben, taugen nicht nur als Kompost. Die kräftigen Blattrippen eignen sich hervorragend als Unterlage für das Gewicht Ihrer Wahl. Die Blätter können seitlich ins Kraut gesteckt oder nach oben geknickt und auf die Blattrippen gefaltet werden. Auf diese Weise entsteht eine Schicht, die Ihr Sauerkraut vor Hefebildung schützt.

Nehmen Sie für diese Abdeckung ein Kohlblatt und reißen Sie mit den Fingern kleine Streifen vom äußeren Rand, bis es ungefähr doppelt so groß wie die Glasöffnung ist. Drücken Sie die Blattrippe auf das Sauerkraut und stecken Sie die Blattränder seitlich ins Kraut. Füllen Sie das Glas mit der restlichen Flüssigkeit, bis etwa noch 4 bis 5 Zentimeter Raum unter dem Rand bleiben.

Wenn Ihr Kohl säuerlich genug ist, können Sie das Blatt entsorgen und das fertige Sauerkraut in den Kühlschrank stellen.

GRUNDREZEPT SAUERKRAUT

Zutaten

900 g Weißkohl

4 Teelöffel (24 g) grobes Meer- oder Steinsalz

Schlichtes Sauerkraut besteht aus zwei Zutaten: Kohl und Salz. Dieses Rezept ist die Grundlage für alle folgenden Krautvariationen. Es soll Ihnen ein Verständnis dafür vermitteln, dass die Sauerkrautherstellung im Grunde ganz einfach ist und alle Abwandlungen letztlich Geschmackssache sind. Das Aroma von Sauerkraut, das wie in diesem Rezept nur aus zwei Zutaten entsteht, kann uns eine große Wertschätzung für den Geschmack lehren, der ausschließlich durch die Fermentation entsteht.

Die unschönen oder welken äußeren Blätter des Kohlkopfs entfernen. Ein ganzes Blatt beiseitelegen. Den Kohl vierteln, mit kaltem Wasser abspülen und den Strunk entfernen.

Den Kohl mit einem scharfen Küchenmesser, der Küchenmaschine, dem Gemüse- oder Krauthobel in 5 Millimeter breite Streifen schneiden.

Den geschnittenen Kohl in eine große Schüssel geben und etwa 30 Sekunden lang gut mit dem Salz vermengen, bis er einen feuchten Schimmer bekommt und ihm das Salz etwas Flüssigkeit entzogen hat.

Nun den Kohl sanft weiter drücken und kneten oder die Mischung beiseitestellen und 20 Minuten warten, damit sich der Vorgang der Osmose fortsetzen kann. Nach etwas Wartezeit lässt sich der Kohl leichter bearbeiten, damit er möglichst viel Flüssigkeit abgibt.

Den Kohl noch ein paar Minuten lang weiterkneten. Wenn sich der Zellsaft am Boden der Schüssel sammelt und das ausgedrückte Kraut – wie auf dem Foto oben rechts – Klumpen bildet, kann es in das Glas gefüllt werden.

Eine Handvoll Kohl in die dominante Hand und ein sauberes 1-Liter-Glas in die andere nehmen. Den Kohl ins Glas geben und zuerst den Boden damit auskleiden. Mit der Faust oder mit den Fingern gut festdrücken. Das Glas auf diese Weise füllen und den Kohl immer wieder gut verdichten, bis noch 4 bis 5 Zentimeter Platz nach oben bleiben.

Ist dann noch etwas Kohl in der Schüssel, den Inhalt des Glases mit der Hand fixieren, das Glas kippen und etwas Saft in die Schüssel zurückgießen. Nun passt auch der restliche Kohl hinein.

Das ganze Kohlblatt darauflegen (siehe „Ein Kohlblatt als Deckel", Seite 75). Das Glas mit dem in der Schüssel verbliebenen Zellsaft füllen, bis das Kraut bedeckt ist und noch mindestens 2,5 Zentimeter Platz nach oben bleiben. Den Kohl auf die bevorzugte Weise (siehe Seite 23 ff.) unter die Lake drücken und das Glas abdecken.

Das Glas auf einen kleinen Teller oder in eine kleine Schüssel stellen und bei Zimmertemperatur 2 bis 6 Wochen stehen lassen. Die Fermentationsdauer ist von der Umgebungstemperatur abhängig. Jede Woche prüfen, ob das Kraut noch vollständig von Lake bedeckt ist. Falls nicht, das Gewicht kräftig ins Kraut drücken, damit der Saft nach oben steigt. Falls das nicht genügt, mit 5-prozentiger Salzlake aufgießen (siehe Salztabelle, Seite 200), was allerdings meist nicht erforderlich ist.

Wenn der gewünschte Säuerungsgrad erreicht ist, das Fermentationsgewicht entfernen, das Glas mit einem Deckel verschließen und in den Kühlschrank stellen.

Ergibt: 1 Glas (900 Gramm)

AVAS ROSA SAUERKRAUT

Zutaten

680 g Weißkohl

220 g Rotkohl

4 Teelöffel (24 g) grobes Meer- oder Steinsalz

1 Teelöffel (2 g) Kreuzkümmelsamen

2 Teelöffel (7 g) Senfkörner

3 Wacholderbeeren

Kinder lassen sich beim Kochen für gesunde Ernährung begeistern. Meine Verwandtschaft teilt meinen Enthusiasmus für fermentiertes Gemüse nicht immer. Deshalb bat ich meine Nichte Ava um Hilfe bei einem Rezept, das ihrem Gaumen schmeichelt und ihrer Vorliebe für die Farbe Rosa entgegenkommt. Ihre Mutter war nicht gerade glücklich, als ich Ava das Küchenmesser in die Hand drückte, um den Strunk zu entfernen. Aber vor allem das Krautkneten machte Ava großen Spaß.

Unschöne und welke äußere Blätter entfernen. Ein ganzes Blatt beiseitelegen. Den Kohl vierteln, mit kaltem Wasser abspülen und den Strunk entfernen. Den Kohl in 5 Millimeter breite Streifen schneiden, in eine große Schüssel geben und salzen. Etwa 30 Sekunden mischen oder so lange, bis er einen feuchten Schimmer bekommt.

Den Kohl sanft kneten oder zunächst kurz stehen lassen, das erleichtert die Arbeit. Weiterdrücken, bis er Saft zieht und das ausgedrückte Kraut Klumpen bildet.

Kreuzkümmelsamen und Senfkörner dazugeben und den Kohl erneut durchkneten.

Die Wacholderbeeren in ein sauberes 1-Liter-Glas geben und den Kohl einschichten. Zuerst den Boden auskleiden und den Kohl mit der Faust oder den Fingern festdrücken. Das Glas auf diese Weise füllen und den Kohl immer wieder gut verdichten, bis noch 4 bis 5 Zentimeter Raum unter dem Rand bleiben. Falls der Platz nicht reicht, den Inhalt fixieren, das Glas neigen und etwas Saft in die Schüssel zurückgießen.

Das ganze Kohlblatt auf das Kraut legen (siehe Seite 75). Das Glas mit dem Saft aus der Schüssel füllen, bis der Inhalt bedeckt ist und noch 4 bis 5 Zentimeter Platz bleiben. Den Kohl auf die bevorzugte Weise (siehe Seite 23 ff.) unter die Lake drücken und das Glas abdecken.

Der Zellsaft von Rotkraut ist kräftig violett und hinterlässt praktisch überall Flecken. Das Glas während der Fermentation auf einen kleinen Teller oder in eine kleine Plastiktüte stellen. So kommt es in dem nahezu unwahrscheinlichen Fall, dass es überläuft, gar nicht erst zu Flecken.

Bei Zimmertemperatur 3 bis 4 Wochen stehen lassen. Jede Woche überprüfen, ob das Kraut noch vollständig von Lake bedeckt ist. Falls nicht, das Gewicht kräftig ins Kraut drücken, damit der Saft wieder nach oben steigt.

Ist der gewünschte Säuerungsgrad erreicht, das Fermentationsgewicht entfernen, das Glas mit einem Deckel verschließen und in den Kühlschrank stellen.

Ergibt: 1 Glas (900 Gramm)

Avas Sauerkraut am ersten Tag (links)
und nach 2 Wochen (rechts)

SAUERKRAUTFÜLLUNG

Bei einer guten Freundin wurde kurz vor unserem alljährlichen Sommerfest Zöliakie diagnostiziert. Ich machte mich sofort ans Werk, um ihr zumindest ein paar glutenähnliche Geschmackserlebnisse ohne gesundheitliche Komplikationen zu ermöglichen. Mit dieser Füllung klappte es.

Zutaten

900 g Weißkohl

4 Teelöffel (24 g) grobes Meer- oder Steinsalz

1 kleine Zwiebel (100 g), in Würfel geschnitten

3 Stängel Stangensellerie, geputzt und klein geschnitten

1 Esslöffel (5 g) getrockneter Thymian

4 Teelöffel (2 g) getrocknete Salbeiblätter

Unschöne und welke äußere Kohlblätter entfernen. Ein ganzes Blatt beiseitelegen. Den Kohl vierteln, mit kaltem Wasser abspülen und den Strunk entfernen. Den Kohl in 5 Millimeter breite Streifen schneiden, in eine große Schüssel geben und salzen. Etwa 30 Sekunden mischen oder so lange, bis er einen feuchten Schimmer bekommt.

Den Kohl kneten oder zunächst kurz stehen lassen, das erleichtert die Arbeit. Weiterkneten, bis er Saft zieht und das ausgedrückte Kraut Klumpen bildet. Zwiebel, Stangensellerie, Thymian und Salbei dazugeben und gründlich untermengen.

Die Mischung in ein sauberes 1-Liter-Glas schichten. Zuerst den Boden auskleiden und den Kohl mit der Faust oder den Fingern festdrücken. Das Glas auf diese Weise füllen und den Kohl immer wieder gut verdichten, bis noch 4 bis 5 Zentimeter Raum unter dem Rand bleiben. Falls nun noch etwas Kohl in der Schüssel ist, den Inhalt des Glases mit der Hand fixieren und etwas Saft in die Schüssel zurückgeben. Jetzt passt auch der restliche Kohl ins Glas.

Das ganze Kohlblatt aufs Kraut legen (siehe Seite 75). Das Glas mit dem Krautsaft aus der Schüssel aufgießen, bis der Inhalt bedeckt ist und mindestens 2,5 bis 4 Zentimeter Platz nach oben bleiben. Den Kohl auf die bevorzugte Weise (siehe Seite 23 ff.) unter die Lake drücken und das Glas abdecken.

Das Glas auf einen kleinen Teller oder in eine kleine Schüssel stellen und bei Zimmertemperatur 2 bis 4 Wochen stehen lassen. Jede Woche prüfen, ob das Kraut noch vollständig von Lake bedeckt ist. Falls nicht, das Gewicht kräftig ins Kraut drücken, damit der Saft wieder nach oben steigt.

Wenn der gewünschte Säuerungsgrad erreicht ist, das Gewicht entfernen, das Glas mit einem Deckel verschließen und in den Kühlschrank stellen.

Ergibt: 1 Glas (900 Gramm)

WÜRZIGES KNOBLAUCHKRAUT

Zutaten

900 g Weißkohl

1 Esslöffel (18 g) grobes Meer- oder Steinsalz

1 Knoblauchknolle, geschält und weich, aber nicht braun geröstet

Das Rezept für Knoblauchliebhaber! Es ist supereinfach, aber durch den gerösteten Knoblauch auch superlecker. Er wird beim Fermentieren deutlich milder, sodass sich garantiert auch weniger leidenschaftliche Fans um das köstliche Knoblauchkraut mit den komplexen Röstaromen reißen werden. Nach einer Fermentationszeit von 2 Wochen verschwindet die Knoblauchschärfe und es entwickelt sich eine wunderbare Geschmackstiefe. Bei einer Fermentationsdauer von 2 bis 4 Wochen genügt 1 Knolle. Bei 4 bis 6 Wochen empfiehlt es sich, eine ½ Knolle mehr dazuzugeben.

Unschöne und welke äußere Kohlblätter entfernen. Ein ganzes Blatt beiseitelegen. Den Kohl vierteln, mit kaltem Wasser abspülen und den Strunk entfernen.

Den Kohl in eine große Schüssel raspeln und salzen. Vorsichtig durchkneten oder zunächst kurz stehen lassen, das erleichtert Ihnen die Arbeit. Dann so lange durchkneten, bis er Saft zieht und das ausgedrückte Kraut Klumpen bildet.

Die gerösteten Knoblauchzehen in kleine Stücke brechen und zu dem Kraut geben. Kräftig durchmischen und kneten, um sie gleichmäßig zu verteilen.

Das Knoblauchkraut in ein sauberes 1-Liter-Glas schichten. Zuerst den Boden auskleiden und den Kohl mit der Faust oder den Fingern festdrücken. Das Glas auf diese Weise füllen, dabei den Kohl gut verdichten, bis noch 4 bis 5 Zentimeter Raum unter dem Rand bleiben. Falls der Platz nicht ausreicht, den Inhalt mit der Hand fixieren, das Glas kippen und etwas Saft in die Schüssel zurückgießen.

Das ganze Kohlblatt auf das Kraut legen (siehe Seite 75). Das Glas mit dem Krautsaft aus der Schüssel aufgießen, bis der Inhalt bedeckt ist und mindestens 2,5 bis 4 Zentimeter Platz nach oben bleiben. Den Kohl auf die bevorzugte Weise (siehe Seite 23 ff.) unter die Lake drücken und das Glas abdecken.

Das Glas auf einen kleinen Teller oder in eine kleine Schüssel stellen und bei Zimmertemperatur 2 bis 6 Wochen stehen lassen. Jede Woche prüfen, ob das Kraut noch vollständig von Lake bedeckt ist. Falls nicht, das Gewicht kräftig ins Kraut drücken, damit der Saft wieder nach oben steigt.

Sobald der gewünschte Säuerungsgrad erreicht ist, das Fermentationsgewicht entfernen, das Glas mit einem Deckel verschließen und in den Kühlschrank stellen. Gut gekühlt servieren.

Ergibt: 1 Glas (900 Gramm)

Zutaten

680 g Weißkohl, Rotkohl oder Wirsing

220 g Rote Bete, Karotten, Radieschen, Speiserüben, Zucchini, Gurken, Rosenkohl, grüne Bohnen (geputzt, blanchiert und in Eiswasser abgeschreckt), Paprikaschoten, Chilischoten oder noch mehr Kohl; beliebig gemischt

2 Esslöffel (20 g) Zwiebeln, Knoblauch, Schalotten oder Lauch; geschält und in Würfel geschnitten

4 Teelöffel (24 g) grobes Meer- oder Steinsalz

3 Teelöffel Kreuzkümmelsamen, Kümmelsamen, Pimentkörner, Currypulver, Wacholderbeeren, gerebelter Salbei, frischer Thymian, Chiliflocken, Ingwerpulver, Zitronenschale, Paprikapulver oder Cayennepfeffer; einzeln oder beliebig gemischt

JEDES KRAUT EIN ABENTEUER

Jetzt sind Sie an der Reihe! Sie haben keine Lust auf Zwiebeln? Dann lassen Sie sie weg! Oder genug von Gewürzen? Dann vergessen Sie sie! Es ist nur noch ein Stängel Sellerie, eine halbe Rote Bete und eine Zitronenscheibe im Kühlschrank? Dann verwenden Sie einfach, was Sie haben! Gehen Sie Ihre eigenen Wege und erfinden Sie selbst eine spannende und schmackhafte Kreation.

Unschöne und welke äußere Kohlblätter entfernen. Ein ganzes Blatt beiseitelegen. Den Kohl vierteln, mit kaltem Wasser abspülen und den Strunk entfernen. Den Kohl in 5 Millimeter breite Streifen schneiden.

Das Gemüse in 5 Millimeter dicke Scheiben schneiden und mit dem Kraut in eine große Schüssel geben. Das Lauchgemüse sowie Salz hinzufügen und gründlich untermengen. Kräuter und Gewürze dazugeben und die Mischung mit den Händen durchmengen.

Die Mischung weiterkneten oder zunächst kurz stehen lassen, das erleichtert Ihnen die Arbeit. Dann so lange durcharbeiten, bis sie Saft zieht und das ausgedrückte Kraut Klumpen bildet.

Die Mischung in ein sauberes 1-Liter-Glas schichten. Zuerst den Boden auskleiden und das Kraut mit der Faust oder den Fingern festdrücken. Das Glas auf diese Weise füllen, dabei den Kohl gut verdichten, sodass 2,5 bis 4 Zentimeter Raum unter dem Rand bleiben. Falls der Platz nicht reicht, den Inhalt mit der Hand fixieren, das Glas kippen und etwas Saft in die Schüssel zurückgießen.

Das ganze Kohlblatt auf das Kraut legen (siehe Seite 75). Das Glas mit dem Krautsaft aus der Schüssel aufgießen, bis der Inhalt bedeckt ist und 2,5 bis 4 Zentimeter Platz nach oben bleiben. Den Kohl auf die bevorzugte Weise (siehe Seite 23 ff.) unter die Lake drücken und das Glas abdecken.

Das Glas auf einen Teller oder in eine Schüssel stellen und bei Zimmertemperatur 2 bis 4 Wochen stehen lassen. Jede Woche prüfen, ob das Kraut noch vollständig von Lake bedeckt ist. Falls nicht, das Gewicht kräftig ins Kraut drücken, damit der Saft wieder nach oben steigt.

Sobald der gewünschte Säuerungsgrad erreicht ist, das Gewicht entfernen, das Glas mit einem Deckel verschließen und in den Kühlschrank stellen.

Ergibt: 1 Glas (900 Gramm)

SAUERKRAUTSALAT

Zutaten

500 g Würziges Knoblauchkraut (Seite 81)

2 Karotten, geputzt und in feine Streifen geschnitten

½ rote oder gelbe Paprikaschote, geputzt, entkernt und klein geschnitten

¼ Tasse (40 g) rote Zwiebeln, in feine Ringe geschnitten

2 Tassen (150 g) Zuckerschoten, geputzt und der Länge nach in feine Streifen geschnitten

1 Stück (5 cm) frische Ingwerwurzel, geschält und fein gehackt

1 Esslöffel (6 g) frische Minze, in feine Streifen geschnitten

2 Esslöffel (2 g) frischer Koriander, fein gehackt

1 Esslöffel (15 ml) geröstetes Sesamöl

2 Teelöffel (6 g) Sesamsamen (wenn gewünscht)

In Sachen Ernährung war meine Freundin Sarah schon immer eine Nasenlänge voraus. Sie testete lange vor allen anderen die vegane und makrobiotische Kost und kochte lieber mit regionalen Produkten als mit Supermarktware. In ihrem zweiten Studienjahr erkundete sie die Küche fremder Kulturen und machte sie für amerikanische Teenager schmackhaft. Heute sind asiatische Krautsalate nichts Außergewöhnliches mehr. Aber als Sarah mich damit bekannt machte, waren ihre Geschmackskombinationen vollkommen neu für mich – und ich war hellauf begeistert. Diese Sauerkrautvariation ist eine Hommage an den rohen Krautsalat, den sie in der Küche unserer Wohngemeinschaft oft für uns zubereitet hat.

Knoblauchkraut, Karotten, Paprika, Zwiebeln, Zuckerschoten und Ingwer in einer Schüssel mischen. Die Kräuter und das Sesamöl dazugeben und gut untermengen. Mit Sesamsamen bestreut servieren. Der Salat ist im Kühlschrank sehr gut haltbar, aber frisch sind die Aromen am ausgewogensten.

Ergibt: 6 Portionen

MANCHE MÖGEN'S SCHARF

Zutaten

800 g Weißkohl

4 Teelöffel (24 g) grobes Meer- oder Steinsalz

4–5 scharfe Chilischoten (220 g)

Für dieses Kraut eignen sich alle scharfen Chilisorten. Ich bereite es am liebsten mit gelbem Wachspaprika sowie mit Serrano- und Jalapeñochilis zu. Eine Kombination aus grünen und gelben Schoten macht das Kraut zur Augenweide. Der Fermentationsprozess zähmt das feurige Aroma der kleinen Schoten kaum. Wen wundert es, dass das scharfe Kraut besonders bei Kennern und Liebhabern pikanter Schärfe so beliebt ist?

Unschöne und welke äußere Kohlblätter entfernen. Ein ganzes Blatt beiseitelegen. Den Kohl vierteln, mit kaltem Wasser abspülen und den Strunk entfernen. Den Kohl in 5 Millimeter breite Streifen schneiden, in eine große Schüssel geben und salzen. Dann 30 Sekunden durchmischen oder so lange, bis er einen feuchten Schimmer bekommt.

Den Kohl vorsichtig kneten oder zunächst kurz stehen lassen, das erleichtert Ihnen die Arbeit. Dann so lange durcharbeiten, bis er Saft zieht und das ausgedrückte Kraut Klumpen bildet.

Den Stielansatz und die Kerne der Chilis entfernen. Die Schoten in dünne Ringe schneiden, zu dem Kohl geben und mit den Händen untermengen. Die Schärfe der Chilis kann jedoch schmerzhaft an den Händen brennen. Deshalb rate ich Ihnen, mit Einmalhandschuhen aus Latex oder neuen Gummihandschuhen zu arbeiten.

Die Mischung in ein sauberes 1-Liter-Glas schichten. Zuerst den Boden auskleiden und das Kraut mit der Faust oder den Fingern festdrücken. Das Glas auf diese Weise füllen, dabei das Kraut gut verdichten, sodass noch 4 bis 5 Zentimeter Raum unter dem Rand bleiben. Falls der Platz nicht reicht, den Inhalt mit der flachen Hand fixieren, das Glas kippen und etwas Saft in die Schüssel zurückgießen.

Das ganze Kohlblatt auf das Kraut legen (siehe Seite 75). Das Glas mit dem Krautsaft aus der Schüssel aufgießen, bis der Inhalt bedeckt ist und mindestens 2,5 bis 4 Zentimeter Platz nach oben bleiben. Das Kraut auf die bevorzugte Weise (siehe Seite 23 ff.) unter die Lake drücken und das Glas abdecken.

Das Glas auf einen kleinen Teller oder in eine Schüssel stellen und bei Zimmertemperatur 3 bis 4 Wochen stehen lassen. Jede Woche prüfen, ob das Kraut noch vollständig von der Lake bedeckt ist. Falls nicht, das Gewicht kräftig ins Kraut drücken, damit der Saft wieder nach oben steigt.

Wenn der gewünschte Säuerungsgrad erreicht ist, das Gewicht entfernen, das Glas mit einem Deckel verschließen und in den Kühlschrank stellen.

Ergibt: 1 Glas (900 Gramm)

SAUERKRAUT MIT WURZELGEMÜSE UND DILL

Zutaten

- ½ Rotkohl (500 g)
- 1 kleine Steckrübe (200 g), in große Stücke geschnitten
- 1 mittelgroße Rote Rübe (200 g), in große Stücke geschnitten
- 4 Teelöffel (24 g) grobes Meer- oder Steinsalz
- ½ Tasse (20 g) frischer Dill, gehackt

Als Amerikanerin mit polnischen und ukrainischen Wurzeln bin ich fast schon dazu verpflichtet, eine Vorliebe für Dill und Wurzelgemüse zu haben. Dieses Kraut ist für mich ein Stück Heimat. Wenn Sie den Tod der probiotischen Bakterien in Kauf nehmen möchten, können Sie es als gesunde Einlage in Ihren Borschtsch (kräftiger ukrainischer Eintopf) geben.

Unschöne und welke äußere Kohlblätter entfernen. Ein ganzes Blatt beiseitelegen. Den Kohl vierteln, mit kaltem Wasser abspülen und den Strunk entfernen. Dann in 5 Millimeter breite Streifen schneiden, mit dem restlichen Gemüse in eine große Schüssel geben. Salzen und 30 Sekunden gut durchmischen oder so lange, bis die Kohlstreifen einen feuchten Schimmer bekommen.

Den Kohl vorsichtig kneten oder zunächst kurz stehen lassen, das erleichtert Ihnen die Arbeit. Dann so lange durcharbeiten, bis er Saft zieht und das ausgedrückte Kraut Klumpen bildet. Dill dazugeben und gut untermengen.

Die Mischung in ein sauberes 1-Liter-Glas schichten. Zuerst den Boden auskleiden und das Kraut mit der Faust oder den Fingern festdrücken. Das Glas auf diese Weise füllen, dabei das Kraut gut verdichten, bis noch 4 bis 5 Zentimeter Raum unter dem Rand bleiben. Falls der Platz nicht reicht, den Inhalt mit der Hand fixieren, das Glas kippen und etwas Saft in die Schüssel zurückgießen.

Das ganze Kohlblatt auf das Kraut legen (siehe Seite 75). Das Glas mit dem Krautsaft aus der Schüssel aufgießen, bis der Inhalt bedeckt ist und mindestens 2,5 bis 4 Zentimeter Platz nach oben bleiben. Das Kraut auf die bevorzugte Weise (siehe Seite 23 ff.) unter die Lake drücken und das Glas abdecken.

Der Saft von Rotkohl ist kräftig violett und hinterlässt praktisch überall Flecken. Daher sollten Sie das Glas während der Fermentation auf einen kleinen Teller oder in eine kleine Plastiktüte stellen und bei Zimmertemperatur 3 bis 4 Wochen stehen lassen. Jede Woche prüfen, ob das Kraut noch vollständig von der Lake bedeckt ist. Falls nicht, das Gewicht kräftig ins Kraut drücken, damit der Saft wieder nach oben steigt.

Sobald der gewünschte Säuerungsgrad erreicht ist, das Fermentationsgewicht entfernen, das Glas mit einem Deckel verschließen und in den Kühlschrank stellen.

Ergibt: 1 Glas (900 Gramm)

SAUERKRAUT MEDITERRAN

Zutaten

680 g Weißkohl

½ rote Paprikaschote

2 Teelöffel (12 g) grobes Meer- oder Steinsalz

¼ Tasse (45 g) schwarze Oliven ohne Stein (am besten griechische Kalamata-Oliven)

1 Knoblauchzehe, geschält

2 Esslöffel (15 g) Kapern

4 Auberginenscheiben, kurz blanchiert, in Eiswasser abschreckt und trocken getupft; 3 mm dick und im gleichen Durchmesser wie das Glas

55 g Fetakäse in Lake (am Stück, nicht gewürfelt)

Diese probiotische Krautmischung stellt den klassischen griechischen Salat in den Schatten! Eine Portion mediterranes Kraut ist gesund und so sättigend wie eine vollständige Mahlzeit. In ein Kohlblatt gerollt wird es zum glutenfreien Wrap, aber auch mit gerösteten Pita-Chips schmeckt es ganz vorzüglich. Salzen Sie das Gemüse jedoch nicht so stark, da einige Zutaten (Oliven, Kapern und Käse) bereits Salz enthalten.

Unschöne und welke äußere Kohlblätter entfernen. Ein ganzes Blatt beiseitelegen. Den Kohl vierteln, mit kaltem Wasser abspülen und den Strunk entfernen. Den Kohl in 5 Millimeter breite Streifen schneiden und in eine große Schüssel geben.

Die Paprikaschote von Stielansatz, Kerngehäuse und weißen Häutchen befreien und in 1,5 Zentimeter große Rauten schneiden. Zu dem Kohl geben, salzen und etwa 30 Sekunden durchmischen oder so lange, bis die Kohlstreifen einen feuchten Schimmer bekommen.

Den Kohl vorsichtig kneten oder zunächst kurz stehen lassen, das erleichtert Ihnen die Arbeit. Dann so lange durcharbeiten, bis er Saft zieht und das ausgedrückte Kraut Klumpen bildet.

Die Oliven hacken, den Knoblauch in feine Scheiben schneiden. Oliven, Knoblauch und Kapern zu dem Kohl geben und gut untermengen. Fetakäse hineinkrümeln und vorsichtig unterheben.

Zunächst den Boden eines sauberen 1-Liter-Glases mit 1 Tasse (230 Gramm) der Mischung auskleiden und mit der Faust oder den Fingern festdrücken. Die blanchierte Auberginenscheibe darauflegen. Erneut 1 Tasse Gemüse (230 Gramm) einfüllen, gut verdichten und mit einer weiteren Auberginenscheibe abdecken. Wiederholen und das Glas bis 2,5 Zentimeter unter den Rand füllen.

Das Glas mit dem Sauerkrautsaft aus der Schüssel aufgießen, sodass die oberste Auberginenscheibe bedeckt und noch mindestens 2 Zentimeter Platz nach oben bleiben. Das Gemüse auf die bevorzugte Weise (siehe Seite 23 ff.) unter die Lake drücken und das Glas abdecken.

Das Glas auf einen kleinen Teller oder in eine kleine Schüssel stellen und bei Zimmertemperatur 2 bis 4 Wochen stehen lassen. Jede Woche prüfen, ob das Gemüse noch vollständig von der Lake bedeckt ist. Falls nicht, das Gewicht kräftig ins Kraut drücken, damit der Saft wieder nach oben steigt.

Wenn der gewünschte Säuerungsgrad erreicht ist, das Gewicht entfernen, das Glas mit einem Deckel verschließen und in den Kühlschrank stellen.

Ergibt: 1 Glas (900 Gramm)

EXTRA-TIPPS

Rohe Auberginen enthalten das Magen und Darm reizende Solanin, das bereits nach 2-minütigem Blanchieren neutralisiert ist. Wenn Sie wegen 4 Scheiben keine Aubergine anschneiden möchten, können Sie diese auch weglassen.

Zutaten

900 g Weißkohl

4 Teelöffel (24 g) grobes Meer- oder Steinsalz

2 Esslöffel (13 g) Kümmelsamen

KÜMMELKRAUT

Fermentationsfachmann und Bäcker Alex Bois backt himmlisches Brot für ein Restaurant namens High Street on Market in Philadelphia. Eines meiner Lieblingsbrote ist ein einfaches Roggenbrot. Zu seinen Ehren habe ich diese Krautvariation kreiert. Oft toaste ich zum Frühstück eine Scheibe davon, bestreiche sie mit Butter und belege sie mit einer ordentlichen Portion Kümmelkraut.

Unschöne und welke äußere Kohlblätter entfernen. Ein ganzes Blatt beiseitelegen. Den Kohl vierteln, mit kaltem Wasser abspülen und den Strunk entfernen. Den Kohl in 5 Millimeter breite Streifen schneiden, in eine große Schüssel geben und salzen. Dann 30 Sekunden mischen oder so lange, bis die Kohlstreifen einen feuchten Schimmer bekommen.

Das Kraut kneten oder zunächst kurz stehen lassen, das erleichtert Ihnen die Arbeit. Dann durchkneten, bis es Saft zieht und das ausgedrückte Kraut Klumpen bildet. Die Kümmelsamen dazugeben und gut untermengen.

Das Kraut in ein sauberes 1-Liter-Glas schichten. Zuerst den Boden auskleiden und das Kraut mit der Faust oder den Fingern festdrücken. Das Glas auf diese Weise füllen und den Kohl immer wieder gut verdichten, bis noch 4 bis 5 Zentimeter Raum unter dem Rand bleiben. Falls der Platz nicht reicht, den Inhalt mit der Hand fixieren, das Glas kippen und etwas Saft in die Schüssel zurückgießen.

Das ganze Kohlblatt aufs Kraut legen (siehe Seite 75). Das Glas mit dem Krautsaft aus der Schüssel aufgießen, bis der Inhalt bedeckt ist und 2,5 bis 4 Zentimeter Platz nach oben bleiben. Den Kohl auf die bevorzugte Weise (siehe Seite 23 ff.) unter die Lake drücken und das Glas abdecken.

Bei Zimmertemperatur 3 bis 4 Wochen stehen lassen. Jede Woche prüfen, ob das Kraut noch vollständig von Lake bedeckt ist. Falls nicht, das Gewicht kräftig ins Kraut drücken, damit der Saft wieder nach oben steigt.

Ist der gewünschte Säuerungsgrad erreicht, das Fermentationsgewicht entfernen, das Glas mit einem Deckel verschließen und in den Kühlschrank stellen.

Ergibt: 1 Glas (900 Gramm)

KERNIGES KRAUT

Zutaten

900 g Weißkohl oder Wirsing

1 Esslöffel (18 g) grobes Meer- oder Steinsalz

¼ Tasse (35 g) rohe Macadamianüsse, ungesalzen und grob gehackt

¼ Tasse (30 g) rohe Pistazien, ungesalzen und grob gehackt

¼ Tasse (35 g) rohe Cashewnüsse, ungesalzen und grob gehackt

¼ Tasse (55 g) rohe Kürbiskerne, geschält und ungesalzen

Manch einer hält mich für verrückt, weil ich Nüsse ins Kraut gebe. Die natürlich in Nüssen und Samen enthaltene Phytinsäure bindet Nährstoffe und verhindert so ihre Aufnahme im Körper. Bei der Fermentation wird diese jedoch zerstört, wodurch sich die Nüsse und Samen von den einstigen Nährstoffblockern in wahre Nährstoffbomben verwandeln. Die Fermentation macht die Nüsse weicher, Samen behalten ihren Biss und beide erhalten ein leckeres säuerliches Aroma. Für dieses knackige und kerngesunde Kraut können Sie alle Nüsse und Samen verwenden.

Unschöne und welke äußere Kohlblätter entfernen. Ein ganzes Blatt beiseitelegen. Den Kohl vierteln, mit kaltem Wasser abspülen und den Strunk entfernen. Dann den Kohl in 5 Millimeter breite Streifen schneiden und in eine große Schüssel geben. Salzen und 30 Sekunden durchmischen oder so lange, bis die Kohlstreifen einen feuchten Schimmer bekommen.

Das Kraut kneten oder zunächst kurz stehen lassen. Das erleichtert Ihnen die Arbeit. Anschließend so lange durcharbeiten, bis es Saft zieht und das ausgedrückte Kraut Klumpen bildet. Nüsse und Kürbiskerne dazugeben und gut untermengen.

Die Mischung in ein sauberes 1-Liter-Glas schichten. Zuerst den Boden auskleiden und das Kraut mit der Faust oder den Fingern festdrücken. Das Glas auf diese Weise füllen und den Kohl immer wieder gut verdichten, bis noch 4 bis 5 Zentimeter Raum unter dem Rand bleiben. Falls der Platz nicht reicht, den Inhalt mit der Hand fixieren, das Glas kippen und etwas Saft in die Schüssel zurückgießen.

Das ganze Kohlblatt aufs Kraut legen (siehe Seite 75). Das Glas mit dem Krautsaft aus der Schüssel aufgießen, bis der Inhalt bedeckt ist und 2,5 bis 4 Zentimeter Platz nach oben bleiben. Den Kohl auf die bevorzugte Weise (siehe Seite 23 ff.) unter die Lake drücken und das Glas abdecken.

Bei Zimmertemperatur 2 bis 4 Wochen stehen lassen. Jede Woche mindestens einmal prüfen, ob das Kraut noch vollständig von Lake bedeckt ist. Falls nicht, das Gewicht kräftig ins Kraut drücken, damit der Saft wieder nach oben steigt.

Sobald der gewünschte Säuerungsgrad erreicht ist, das Fermentationsgewicht entfernen, das Glas mit einem Deckel verschließen und in den Kühlschrank stellen.

Ergibt: 1 Glas (900 Gramm)

ASIATISCHES SATAY-SAUERKRAUT

Wenn ich kalte Sesamnudeln im Haus habe, kann ich nicht aufhören zu essen, bevor ich alle verputzt habe. Dieses Rezept habe ich mir als gesunde Alternative ausgedacht. Nach einer Fermentationszeit von 5 bis 7 Tagen schmeckt das nussig aromatische Kraut fast wie kalte Sesamnudeln. Aber auch nach einem Monat ist es noch äußerst lecker!

Zutaten

900 g Weißkohl

2 Teelöffel (12 g) grobes Meer- oder Steinsalz

1 Teelöffel (1 g) Chiliflocken

2 Esslöffel (30 ml) Sojasauce

½ Tasse (130 g) rohes cremiges Erdnussmus

1 Esslöffel (15 ml) geröstetes Sesamöl

1 Teelöffel (2 g) Koriandersamen

1 rote Paprikaschote, geputzt, entkernt und klein geschnitten

frischer Koriander zum Garnieren (wenn gewünscht)

Unschöne und welke äußere Kohlblätter entfernen. Ein ganzes Blatt beiseitelegen. Den Kohl vierteln, mit kaltem Wasser abspülen und den Strunk entfernen.

Dann den Kohl mit der Vierkantreibe oder dem Schnitzelwerk der Küchenmaschine raspeln und in eine große Schüssel geben. Salzen und 30 Sekunden gut durchmischen oder so lange, bis die Kohlraspel einen feuchten Schimmer bekommen.

Weiterkneten, bis der Kohl Saft zieht und das ausgedrückte Kraut Klumpen bildet. Chiliflocken, Sojasauce, Erdnussmus, Sesamöl, Koriandersamen und Paprikastücke dazugeben und gut untermengen.

Die Mischung in ein sauberes 1-Liter-Glas schichten. Zuerst den Boden auskleiden und das Kraut mit der Faust oder den Fingern festdrücken. Das Glas auf diese Weise füllen und den Kohl immer wieder gut verdichten, bis noch 4 bis 5 Zentimeter Raum unter dem Rand bleiben. Falls der Platz nicht reicht, den Inhalt mit der Hand fixieren, das Glas kippen und etwas Saft in die Schüssel zurückgießen.

Das ganze Kohlblatt auf das Kraut legen (siehe Seite 75). Bei diesem Rezept ist die Abdeckung unverzichtbar. Wenn während der Fermentation Luft an das Erdnussmus kommt, können die enthaltenen natürlichen Öle oxidieren und ranzig werden. Das Glas mit dem Krautsaft aus der Schüssel aufgießen, bis der Inhalt bedeckt ist und 2,5 bis 4 Zentimeter Platz nach oben bleiben. Den Kohl auf die bevorzugte Weise (siehe Seite 23 ff.) unter die Lake drücken und das Glas abdecken.

Bei Zimmertemperatur 5 bis 10 Tage stehen lassen. Bei längeren Fermentationszeiten unbedingt darauf achten, dass das Kraut immer von Lake bedeckt ist. Ist dies nicht der Fall, das Gewicht kräftig ins Kraut drücken, damit der Saft wieder nach oben steigt.

Wenn der gewünschte Säuerungsgrad erreicht ist, das Fermentationsgewicht entfernen, das Glas mit einem Deckel verschließen und in den Kühlschrank stellen.

Mit frischem Koriander garniert servieren.

Ergibt: 1 Glas (900 Gramm)

ROTE-BETE-INGWER-KRAUT

Zutaten

680 g Weißkohl

1 Stück (5 cm) frische Ingwerwurzel, ungeschält

4 Teelöffel (24 g) grobes Meer- oder Steinsalz

1 kleine Rote Bete (225 g)

Manchmal kommen die einfachsten Dinge am besten an! Mit diesem Rezept können Sie aus wenigen Zutaten ein Sauerkraut mit unvergesslichem Aroma kreieren, das mit fast allem harmoniert. Und in Nudelgerichten oder gemischten Salaten sorgt es für eine wahre Farb- und Geschmacksexplosion.

Unschöne und welke äußere Kohlblätter entfernen. Ein ganzes Blatt beiseitelegen. Den Kohl vierteln, mit kaltem Wasser abspülen und den Strunk entfernen. Dann den Kohl und den Ingwer mit der Vierkantreibe oder dem Schnitzelwerk der Küchenmaschine raspeln, in eine große Schüssel geben, salzen und gründlich mischen, bis die Kohlraspel einen feuchten Schimmer bekommen. Die Rote Bete putzen, vierteln und die Viertel in 5 Millimeter dicke Scheiben schneiden. Zu dem Kohl geben.

Die Mischung durchkneten, bis sie Saft zieht und beim Ausdrücken Klumpen bildet.

Anschließend die Mischung in ein sauberes 1-Liter-Glas schichten. Zuerst den Boden auskleiden und das Kraut mit der Faust oder den Fingern festdrücken. Das Glas auf diese Weise bis 5 Zentimeter unter dem Rand füllen, dabei den Kohl immer wieder gut verdichten. Falls der Platz nicht ausreicht, den Inhalt mit der Hand fixieren, das Glas kippen und etwas Saft in die Schüssel zurückgießen.

Das ganze Kohlblatt auf das Kraut legen (siehe Seite 75). Das Glas mit dem Krautsaft aus der Schüssel aufgießen, bis der Inhalt bedeckt ist und noch mindestens 2,5 Zentimeter Platz nach oben bleiben. Das Kraut auf die bevorzugte Weise (siehe Seite 23 ff.) unter die Lake drücken und das Glas abdecken.

Bei Zimmertemperatur 3 bis 4 Wochen stehen lassen. Jede Woche einmal prüfen, ob das Kraut noch vollständig von Lake bedeckt ist. Ist dies nicht der Fall, das Gewicht kräftig ins Kraut drücken, damit der Saft wieder nach oben steigt.

Sobald der gewünschte Säuerungsgrad erreicht ist, das Gewicht entfernen, das Glas mit einem Deckel verschließen und in den Kühlschrank stellen.

Ergibt: 1 Glas (900 Gramm)

Wenn das Kraut mehr Zellsaft abgibt …

Was fängt man mit der salzigen Flüssigkeit an, die sich beim Kneten des Kohls in der Schüssel ansammelt? Die meisten schütten sie weg, aber der würzige Gemüsesaft macht sich hervorragend in Suppen, Brühen und in sogar Brotteigen. Sie können ihn auch in einem beschrifteten Glas im Kühlschrank aufbewahren, und wenn der Lakespiegel im Sauerkrautglas sinkt, füllen Sie einfach damit auf. So wissen Sie, dass der Salzgehalt stimmt!

SOLEIER IN SAUERKRAUT

Zutaten

3 Tassen (680 g) fertiges Sauerkraut, z. B. Rote-Bete-Ingwer-Kraut (Seite 91)

4 hart gekochte Bio-Eier, abgekühlt und geschält

Ich liebe Soleier über alles! Die in diesem Rezept beschriebene Methode funktioniert auch mit Pickles, Kimchi-Saft und jedem anderen Gemüse, das so lange gärt, bis es einen entsprechend niedrigen pH-Wert hat. Aber das Tolle an diesen Eiern ist nicht ihr überragender Geschmack, sondern der Spaß, den Sie mit den äußerst vergnüglichen Farbexperimenten haben werden! In Rotkohl werden sie violett, in Radieschen-Pickles zartrosa und in fertigem Rote-Bete-Kwass knallrot. Lassen Sie sich überraschen.

Ein 1-Liter-Glas etwa 2,5 Zentimeter hoch mit Sauerkraut füllen, das mindestens 2 Wochen vergoren wurde. Die Seitenwände zusätzlich auskleiden, sodass ein kleiner Krater entsteht. Ein Ei in die Vertiefung legen, vorsichtig mit etwas Sauerkraut bedecken und ein weiteres Ei hinzufügen. Erneut Sauerkraut darüberschichten und vorsichtig festdrücken. Mit den restlichen Eiern wiederholen und mit einer dünnen Krautschicht abschließen.

Das Glas 5 bis 14 Tage in den Kühlschrank stellen, bis die Eier Farbe und Aroma angenommen haben. Kraut und Eier können Sie verzehren, sobald die Eier den gewünschten Geschmack haben.

Ergibt: 4 Eier und 3 Tassen (680 Gramm) Sauerkraut

EXTRA-TIPPS

Sie können hart gekochte und geschälte Eier auch in fermentiertem Sauergemüse einlegen. Das Ergebnis ist bunt und köstlich. Man kann sogar ungeschälte oder rundherum leicht angeschlagene Eier verwenden. Die Milchsäure zersetzt die Schalen, dabei entstehen abstrakte Muster und interessante Farben.
Wenn Sie dafür ungeschälte Eier nehmen, sollten Sie das Sauerkraut aber nicht mehr essen, denn die basischen Eierschalen können den pH-Wert des fermentierten Gemüses erhöhen.

SAUERKRAUT „MIREPOIX“

Die Kombination aus Stangensellerie, Zwiebeln und Karotten ist ein Klassiker der französischen Küche und wird oft scherzhaft als „Heilige Dreifaltigkeit“ oder auch als „Mirepoix“ bezeichnet. Bei dieser Krautmischung verbinden sich die Aromen des Gemüses mit dem einzigartigen Geschmack der Küchenkräuter zu einem Kraut, das sowohl das Herzstück als auch die Beilage einer Familienmahlzeit sein kann und garantiert französisches Flair verbreitet.

Zutaten

800 g Weißkohl

4 Teelöffel (24 g) grobes Meer- oder Steinsalz

2 Karotten, geputzt

½ kleine Zwiebel, geschält

1½ Stängel Stangensellerie, geputzt

1 Teelöffel (2 g) getrockneter Thymian

1 Teelöffel (1 g) getrockneter Salbei

4 makellose Lorbeerblätter

Unschöne und welke äußere Kohlblätter entfernen. Ein ganzes Blatt beiseitelegen. Den Kohl vierteln, mit kaltem Wasser abspülen und den Strunk entfernen. Dann den Kohl in 5 Millimeter breite Streifen schneiden und in eine große Schüssel geben. Salzen und 30 Sekunden mischen oder so lange, bis die Kohlstreifen einen feuchten Schimmer bekommen.

Das gesalzene Kraut kurz stehen lassen und inzwischen Karotten, Zwiebel und Sellerie würfeln. Das Kraut vorsichtig durchkneten, bis es Saft zieht und ausgedrückt Klumpen bildet. Gemüsewürfel, Thymian und Salbei dazugeben und gründlich untermengen.

Den Boden eines sauberen 1-Liter-Glases mit einem Teil der Krautmischung auskleiden. Dann ein Lorbeerblatt vorsichtig mit dem Stiel voraus innen an der Seitenwand des Glases entlang nach unten schieben, ins Kraut stecken und mit einer weiteren Portion der Mischung fixieren, sodass es an das Glas gedrückt wird. Vorsichtig mehr Kraut einschichten, ohne das Lorbeerblatt zu knicken oder zu zerstören. Auch auf der gegenüberliegenden Seite ein Lorbeerblatt von innen gegen das Glas drücken und mit Krautmischung fixieren. Wiederholen, bis an allen vier Seiten ein Lorbeerblatt zu sehen und das Glas bis ungefähr 4 bis 5 Zentimeter unter den Rand mit der Krautmischung gefüllt ist. Falls der Platz nicht ganz reicht, den Inhalt mit der Hand fixieren, das Glas kippen und etwas Saft in die Schüssel zurückgießen.

Das ganze Kohlblatt auf das Kraut legen (siehe Seite 75). Das Glas mit dem Krautsaft aus der Schüssel aufgießen, bis der Inhalt bedeckt ist und 2 bis 2,5 Zentimeter Platz nach oben bleiben. Den Kohl auf die bevorzugte Weise (siehe Seite 23 ff.) unter die Lake drücken und das Glas abdecken.

Bei Zimmertemperatur 4 bis 6 Wochen stehen lassen. Jede Woche mindestens einmal prüfen, ob das Kraut noch vollständig von Lake bedeckt ist. Falls nicht, das Gewicht kräftig ins Kraut drücken, damit der Saft wieder nach oben steigt. Sobald der gewünschte Säuerungsgrad erreicht ist, das Fermentationsgewicht entfernen, das Glas mit einem Deckel verschließen und in den Kühlschrank stellen.

Ergibt: 1 Glas (900 Gramm)

SUPERSAURES ZITRUSKRAUT

Zutaten

900 g Weißkohl

4 Teelöffel (24 g) grobes Meer- oder Steinsalz

abgeriebene Schale von 1 Bio-Zitrone

abgeriebene Schale von 1 Bio-Limette

abgeriebene Schale von ½ Bio-Orange

Die Schalen von Zitrusfrüchten gehören zu den nützlichsten und vielseitigsten Helfern jedes Kochs. Sie passen zu süßen und herzhaften Gerichten. Mit diesem Rezept macht die Zitrusschalen-Mischung Sauerkraut partytauglich. Allerdings sollten Sie für die Fermentation ausschließlich die Schale der Zitrusfrüchte ohne das weiße Fleisch verwenden, damit das Kraut nicht bitter wird.

Unschöne und welke äußere Kohlblätter entfernen. Ein ganzes Blatt beiseitelegen. Den Kohl vierteln, mit kaltem Wasser abspülen und den Strunk entfernen. Dann den Kohl in 5 Millimeter breite Streifen schneiden und in eine große Schüssel geben. Salzen und 30 Sekunden durchmischen oder so lange, bis die Kohlstreifen einen feuchten Schimmer bekommen.

Das Kraut vorsichtig drücken und kneten, bis es Saft zieht und ausgedrückt Klumpen bildet. Die Zitrusschalen dazugeben und gut untermengen.

Das Kraut in ein sauberes 1-Liter-Glas schichten. Zuerst den Boden auskleiden und das Kraut mit der Faust oder den Fingern gut festdrücken. Das Glas auf diese Weise füllen, bis noch 4 bis 5 Zentimeter Raum unter dem Rand bleiben. Dabei das Kraut immer wieder gut verdichten. Falls der Platz nicht ganz reicht, den Inhalt mit der Hand fixieren, das Glas kippen und etwas Saft in die Schüssel zurückgießen.

Das ganze Kohlblatt aufs Kraut legen (siehe Seite 75). Das Glas mit dem Krautsaft aus der Schüssel aufgießen, bis der Inhalt bedeckt ist und 2,5 bis 4 Zentimeter Platz nach oben bleiben. Den Kohl auf die bevorzugte Weise (siehe Seite 23 ff.) unter die Lake drücken und das Glas abdecken.

Das Glas auf einen kleinen Teller oder in eine kleine Schüssel stellen und bei Zimmertemperatur 3 bis 4 Wochen stehen lassen. Jede Woche prüfen, ob das Kraut noch vollständig von Lake bedeckt ist. Falls nicht, das Gewicht kräftig ins Kraut drücken, damit der Saft wieder nach oben steigt.

Wenn der gewünschte Säuerungsgrad erreicht ist, das Gewicht entfernen, das Glas mit einem Deckel verschließen und in den Kühlschrank stellen.

Ergibt: 1 Glas (900 Gramm)

Zutaten

900 g Weißkohl

2 Esslöffel (36 g) grobes Meer- oder Steinsalz

1 Esslöffel (11 g) Senfkörner

1 Stück (10 cm) frische Ingwerwurzel, ungeschält

4 Bio-Zitronen mit dünner Schale

ZITRONEN-INGWER-KRAUT

Das Beste an diesem Rezept ist, dass Sie am Ende sowohl Sauerkraut als auch eingelegte Zitronenscheiben haben. Sie schmecken zum Kraut oder verleihen – mitsamt der Schale klein geschnitten – vielen Speisen vom Salat bis hin zum Körnergericht eine erfrischende Note. Ich demonstriere seine Zubereitung gern bei Fermentations-Events, und es kommt immer gut an.

Unschöne und welke äußere Kohlblätter entfernen. Ein ganzes Blatt beiseitelegen. Den Kohl vierteln, mit kaltem Wasser abspülen und den Strunk entfernen. Dann den Kohl in 5 Millimeter breite Streifen schneiden und in eine große Schüssel geben. Salzen und 30 Sekunden mischen oder so lange, bis die Kohlstreifen einen feuchten Schimmer bekommen. Die Senfkörner untermengen und die Mischung beiseitestellen.

Den Ingwer reiben und zu dem Kraut geben. Die beiden Enden der Zitronen abschneiden und die Früchte in sehr dünne Scheiben schneiden.

Das Kraut gründlich durchkneten, bis es Saft zieht und ausgedrückt Klumpen bildet.

Den Boden eines sauberen 1-Liter-Glases mit einer Handvoll Kraut auskleiden und gut festdrücken. Die Scheiben einer Zitrone darüberschichten, dann wieder etwas Kraut ins Glas geben und gut verdichten. Wiederholen, bis alle Zutaten aufgebraucht sind und das Glas bis 5 Zentimeter unter den Rand gefüllt ist. Den Abschluss bildet eine Schicht Kraut.

Das ganze Kohlblatt auf das Kraut legen (siehe Seite 75). Das Glas mit dem Krautsaft aus der Schüssel aufgießen, bis der Inhalt bedeckt ist und 2,5 Zentimeter Platz nach oben bleiben. Den Kohl auf die bevorzugte Weise (siehe Seite 23 ff.) unter die Lake drücken und das Glas abdecken.

Bei Zimmertemperatur 4 bis 8 Wochen stehen lassen. Jede Woche prüfen, ob das Kraut noch vollständig von Lake bedeckt ist. Falls nicht, das Gewicht kräftig ins Kraut drücken, damit der Saft wieder nach oben steigt.

Ist der gewünschte Säuerungsgrad erreicht, das Fermentationsgewicht entfernen, das Glas mit einem Deckel verschließen und in den Kühlschrank stellen.

Ergibt: 1 Glas (900 Gramm)

KAROTTEN-DELIKATESS-KRAUT

Zutaten

790 g Weißkohl

2 Karotten

1 Esslöffel (18 g) grobes Meer- oder Steinsalz

1 Stück (3 cm) frische Ingwerwurzel, ungeschält und gerieben

1 Teelöffel (2 g) Zimtpulver

½ Teelöffel (1 g) geriebene Muskatnuss

½ Tasse (55 g) Pekannüsse, grob gehackt

¼ Tasse (35 g) ungesüßte Rosinen

Seit einer Weile bezeichne ich einige meiner Kreationen als „Delikatess-Sauerkraut“. Viele finden das komisch, bis sie große Mengen davon verschlungen haben. Das Konzept von Delikatess-Sauerkraut drängt sich vielleicht nicht gerade auf, aber es funktioniert – getreu Dantes Göttlicher Komödie: Lasset, die Ihr dieses Kraut bereitet, jede Gier nach Süßem fahren!

Unschöne und welke äußere Kohlblätter entfernen. Ein ganzes Blatt beiseitelegen. Den Kohl vierteln, mit kaltem Wasser abspülen und den Strunk entfernen. Dann den Kohl in 5 Millimeter breite Streifen schneiden und die Karotten raspeln. In eine große Schüssel geben, salzen und mischen, bis die Kohlstreifen einen feuchten Schimmer bekommen.

Das Kraut kneten oder kurz stehen lassen. Das erleichtert Ihnen die Arbeit. Anschließend so lange durcharbeiten, bis es Saft zieht.

Ingwer, Zimt, Muskatnuss, Pekannüsse und Rosinen dazugeben und gut untermengen. Das Kraut weiterkneten, bis es ausgedrückt Klumpen bildet.

Die Mischung in ein sauberes 1-Liter-Glas schichten und mit der Faust oder den Fingern immer wieder gut festdrücken. Das Glas bis 5 Zentimeter unter den Rand füllen. Falls der Platz nicht ganz reicht, den Inhalt mit der Hand fixieren, das Glas kippen und etwas Saft in die Schüssel zurückgießen.

Das ganze Kohlblatt auf das Kraut legen (siehe Seite 75). Das Glas mit dem Krautsaft aus der Schüssel aufgießen, bis der Inhalt bedeckt ist und mindestens 2,5 Zentimeter Platz nach oben bleiben. Den Kohl auf die bevorzugte Weise (siehe Seite 23 ff.) unter die Lake drücken und das Glas abdecken.

Bei Zimmertemperatur 2 bis 4 Wochen stehen lassen. Jede Woche prüfen, ob das Kraut noch vollständig von Lake bedeckt ist. Falls nicht, das Gewicht kräftig ins Kraut drücken, damit der Saft wieder nach oben steigt.

Wenn der gewünschte Säuerungsgrad erreicht ist, das Fermentationsgewicht entfernen, das Glas mit einem Deckel verschließen und in den Kühlschrank stellen.

Ergibt: 1 Glas (900 Gramm)

KAPITEL 3

Kimchi

Kimchi ist eines der bekanntesten fermentierten Gemüse der Welt und in Korea das Lebensmittel mit der größten kulturellen Bedeutung, für das 1986 in Seoul sogar ein Museum eingerichtet wurde. Inzwischen ist Kimchi in vielen mehr oder weniger traditionellen Küchen zu Hause. In Korea gehört es zu jeder Mahlzeit und wird zunehmend auch im Ausland verzehrt. Wer einmal Eier mit Kimchi zum Frühstück gegessen hat, weiß, dass dieses Kraut einen erhöhten Suchfaktor hat.

Im Westen versteht man unter Kimchi meist den herrlich pikanten, salzig-scharfen Chinakohl, doch Kimchi hat uns noch viel mehr bieten: Es gibt weit über hundert „offizielle“ Kimchi-Sorten – die nach speziellen Wünschen zubereiteten Varianten nicht mitgerechnet. In diesem Kapitel lernen Sie traditionelle und experimentelle Kimchi-Sorten kennen. Ich weiß von meinen Leserinnen und Lesern, dass in Amerika fast jede Familie ihr eigenes Rezept hat, das durch geheime Zutaten zu etwas Besonderem wird. Vielleicht reift auch bei Ihren Experimenten ein Klassiker heran, dessen Herstellung in Ihrer Familie über Generationen weitergegeben wird.

Was Sie beachten sollten

Die folgenden Punkte sollten Sie berücksichtigen, bevor Sie mit der Zubereitung von Kimchi beginnen.

Schneiden

Einige Kimchi-Sorten sind nach der Form des geschnittenen Gemüses benannt (wie etwa das Nabak Kimchi, Seite 121). Die Größe der Stücke beeinflusst die Fermentationsdauer. Größere Stücke brauchen etwas länger, um ebenso sauer zu werden wie die kleinen.

Salzen

Ob man das Gemüse salzt oder in Lake einlegt, ist eine Frage persönlicher Vorlieben. Beim Salzen wird der Chinakohl direkt gewürzt. Das geht schneller, aber man braucht sehr viel Salz, und da der Chinakohl anschließend gespült wird, schmeckt er am Ende kaum salziger als in Lake gelegtes Gemüse. Beim Einlegen ziehen Chinakohl und Daikon-Rettich in einer Lake aus Salz und Wasser. Dafür wird weniger Salz benötigt, aber bevor es weiterverarbeitet werden kann, muss das Gemüse mindestens 12 Stunden in der Lake bleiben. Die Wahl liegt bei Ihnen. Die Ergebnisse beider Verfahren ähneln einander stark.

Warten

Wie lange Kimchi fermentieren muss, hängt von mehreren Faktoren ab: dem verwendeten Gemüse, der Jahreszeit, der Temperatur und dem gewünschten Geschmack. Ich liebe besonders das kaum oder gar nicht vergorene Kimchi

Kimchi-Handschuhe

Die Zutaten, die Kimchi seinen herrlich würzigen Geschmack verleihen, reizen oft die Haut (Chili und Ingwer) oder ihr Geschmack haftet noch tagelang an den Händen (Fischsauce, Knoblauch oder Zwiebeln). Elegante Koreanerinnen arbeiten bei der Kimchi-Herstellung mit speziellen rosafarbenen Gummihandschuhen. Fragen Sie einfach in dem Asialaden in Ihrer Nähe danach. Andernfalls können Sie Ihre Hände auch mit Einmalhandschuhen aus Latex oder mit einem Paar neuer Gummihandschuhe schützen und so verhindern, dass diese tagelang nach Knoblauch und Fischsauce riechen.

und warte oft nur 3 bis 7 Tage, während es sich bei einer Fermentationszeit von mehreren Wochen oder Monaten völlig verändert. Einige meiner Freunde kämen nicht im Traum darauf, Kimchi zu essen, das nicht weich ist und perlt, was je nach Temperatur, Salz- und Zuckergehalt Monate dauern kann. Falls Ihr Kimchi länger reifen soll, salzen Sie es etwas kräftiger, als in den Rezepten angegeben.

Wichtige Zutaten

- **Chinakohl.** Die weiß-grünen Blätter der zylinderförmigen Chinakohlköpfe haben breitere und weichere Rippen als die der harten runden Weißkohlköpfe. Wählen Sie am besten einen verhältnismäßig schweren Chinakohl aus. Die leichteren sind zwar hübsch anzusehen, aber innen manchmal welk und braun – vor allem außerhalb der Saison.
- **Koreanisches Chilipulver (Gochugaru).** Dieses würzig-milde und leicht rauchig schmeckende Chilipulver gibt es in gut sortierten Asialäden sowohl grob als auch fein gemahlen. Für meine Rezepte verwende ich das grob gemahlene Pulver. Kimchi steht in dem Ruf, sehr scharf zu sein. Wenn's etwas kräftiger sein darf, können Sie zusätzlich Chiliflocken oder frische Chilischoten dazugeben. Frische Schoten verändern jedoch die Farbe des Kimchis und führen oft dazu, dass es nach einigen Fermentationstagen eher orange als rot aussieht.
- **Daikon-Rettich.** Diese lange, weiße und relativ milde Rettichsorte wird in Japan als „Daikon" bezeichnet und ist in vielen Kimchis enthalten. Sein koreanischer Verwandter Mu Saengchae ist kürzer, rundlicher und oben etwas grüner. Daikon-Rettiche sind hierzulande leichter zu bekommen.
- **Fischsauce.** Die in Asialäden erhältliche Fischsauce verleiht Kimchi einen kräftigen herzhaften Geschmack, macht die Fermentation aber sehr geruchsintensiv. Achten Sie beim Kauf darauf, dass das Produkt nur zwei Zutaten enthält: Anchovis und Salz. Vegetarier und Veganer können die Fischsauce natürlich weglassen.
- **In Salz eingelegte oder getrocknete Garnelen (Saeujeot).** Die Babyshrimps finden Sie in gut sortierten Asialäden. Vegetarier und Veganer können Ihr Kimchi natürlich ohne die Garnelen zubereiten.
- **Ingwer.** Frischer Ingwer ist für den typischen Geschmack von Kimchi einfach unverzichtbar. Die Wurzel wird meist püriert und muss deshalb nicht erst mühevoll von der dünnen Schale befreit werden.
- **Reismehl.** Auch Reismehl ist in den meisten Asialäden und im Bio-Supermarkt erhältlich. Es sollte fein gemahlen sein. Sie können es jedoch auch weglassen oder durch Obstpüree, Haushaltsmehl oder ein anderes stärkehaltiges Mehl ersetzen (Nuss- und Kokosmehle sind nicht geeignet).
- **Schnittknoblauch.** Die langen, flachen Blätter haben Ähnlichkeit mit Grashalmen und einen zarten Lauchgeschmack. Schnittknoblauch oder chinesischen Schnittlauch gibt es in jedem Asialaden. Ist er nicht aufzutreiben? Dann ersetzen Sie ihn einfach durch Frühlingszwiebeln.
- **Zucker.** Wie bei allen Nahrungsmitteln mit Kultstatus sind auch bei Kimchi die Geschmäcker sehr verschieden. Wenn Sie Ihr Kimchi weich und prickelnd mögen, können Sie pro 1-Liter-Glas vor der Fermentation 1 bis 2 Teelöffel (4 bis 8 Gramm) und unmittelbar vor der Umsiedelung in den Kühlschrank 1 weiteren Teelöffel (4 Gramm) Zucker dazugeben. Ich süße es nicht, und meine Rezepte enthalten auch keinen Zucker. Mir ist jedoch bekannt, dass Zucker unter Kimchi-Liebhabern als Standardzutat angesehen wird.

BAECHU-KIMCHI

Baechu ist koreanisch und bezeichnet eine der wichtigsten Kimchi-Zutaten – den Chinakohl. Als *Baechu-Kimchi* wird das am häufigsten fermentierte Gemüse in koreanischen Restaurants angeboten. Es ist rot, scharf und schmeckt verführerisch gut! Und es ist auch mein Standard-Kimchi, das ich meist gleich in großen Mengen ansetze, um Stürme der Entrüstung zu verhindern, wenn es mal ausgeht. Dieses Kimchi ist unglaublich vielseitig. Ich verwende es für Nudelauflauf mit Kimchi-Käse-Sauce (Seite 116) und verfeinere sämtliche Omeletts oder Rühreier damit. Aber normalerweise essen wir es direkt aus dem Glas!

Zutaten

1 Chinakohl (900 g)

5 Esslöffel (90 g) grobes Meer- oder Steinsalz

etwa 2 l gefiltertes Wasser

1½ Esslöffel (15 g) Reismehl

230 g Daikon-Rettich

1 Stück (3 cm) frische Ingwerwurzel, ungeschält

½ kleine Zwiebel, geschält

4 Knoblauchzehen, geschält

1 Esslöffel (4 g) Chiliflocken

½ Tasse (60 g) Gochugaru, grob gemahlen

1 Esslöffel (15 ml) Fischsauce

1 Esslöffel (8 g) gesalzene Garnelen, abgetropft

5 Stängel Schnittknoblauch oder 5 Frühlingszwiebeln

Den Chinakohl in kaltes Wasser legen oder gründlich spülen, um Erde und Verunreinigungen aus den Blättern zu lösen. Dann gut abbrausen und trocken tupfen. Den Chinakohl halbieren, den Strunk entfernen und die Kohlhälften vierteln, sodass acht längliche Teile entstehen. Sind sie breiter als 5 Zentimeter, werden sie noch einmal halbiert. Die Achtel jeweils in 2,5 bis 5 Zentimeter lange Teile schneiden, die dabei in Einzelstücke zerfallen. Anschließend den Kohl in eine große Schüssel geben.

Das Salz in 1,9 Liter Wasser auflösen und die Lake über die Chinakohlstücke gießen. Das Gemüse mit einem Teller oder einem anderen lebensmittelechten, nichtmetallischen Gegenstand unter die Lake drücken und 12 bis 24 Stunden einlegen.

Danach den Chinakohl gründlich abgießen und trocken tupfen.

In einem kleinen Topf weitere 175 Milliliter Wasser mit dem Reismehl bei mittlerer bis starker Hitze unter ständigem Rühren zum Kochen bringen. Die Hitze auf mittlere Stufe reduzieren und weiterrühren, bis die Mischung andickt. Das dauert etwa 2 Minuten. Die Paste in eine saubere Schüssel geben und in den Kühlschrank stellen, wo sie noch fester wird.

Inzwischen den Daikon-Rettich putzen und das Grün anderweitig verwenden. Den Rettich in 5 bis 15 Millimeter breite Stifte schneiden und mit dem Chinakohl in eine große Schüssel geben.

Ingwerwurzel, Zwiebel und Knoblauch grob hacken und mit Chiliflocken, Gochugaru, Fischsauce, Garnelen und der abgekühlten Reispaste in die Küchenmaschine geben. Glatt pürieren. Falls nötig, die Maschine anhalten und die Masse mit einem Spatel von den Wänden lösen. Den Schnittknoblauch bzw. die Frühlingszwiebeln in 5 Zentimeter lange Stücke schneiden und zu dem Gemüse geben.

Auf Wunsch Kimchi- oder Einmalhandschuhe anziehen. Die Würzpaste zu dem

Gemüse geben und mit den Händen untermischen, bis das Gemüse damit gleichmäßig überzogen ist. Sind alle Zutaten gründlich durchgemischt, den Handschuh der nicht dominanten Hand ausziehen und ein sauberes 1-Liter-Glas bereitstellen.

Das Glas bis 2,5 Zentimeter unter den Rand mit der Gemüsemischung füllen, das Gemüse dabei sehr gut verdichten. Mit einem sauberen und feuchten Lappen alle Spuren von Gemüse oder Würzpaste am Rand entfernen. Das Kimchi auf die bevorzugte Weise (siehe Seite 23 ff.) beschweren und das Glas abdecken. Kimchi ist jedoch nicht anfällig für Hefe- oder Schimmelbildung an der Oberfläche und muss daher nicht unbedingt beschwert werden.

Bei Zimmertemperatur 3 bis 7 Tage stehen lassen. Das Gewicht entfernen, das Glas mit einem Deckel verschließen und in den Kühlschrank stellen.

Ergibt: 1 Glas (900 Gramm)

GEDÜNSTETER BLUMENKOHL MIT ÄPFELN

Zutaten

2 Esslöffel (30 ml) Olivenöl

1 Zwiebel, geschält und in Ringe geschnitten

1 kleiner Blumenkohl, in Röschen zerteilt

2 kleine Äpfel, entkernt und in große Stücke geschnitten

1 Tasse (240 ml) Kimchi-Saft

Mein Kühlschrank ist meist übervoll und ächzt förmlich unter seiner Last. Von dem Saft fermentierter Gemüse kann ich mich aber trotzdem nicht trennen. Und die hoch aromatische Flüssigkeit, die bei der Kimchi-Herstellung entsteht, mag ich erst recht nicht wegschütten. Doch zum Glück sind die Vorräte meist schnell aufgebraucht! An den Kimchi-Saft kommen Sie am einfachsten, wenn Sie das Gemüse durch ein engmaschiges Sieb abseihen oder warten, bis das Kraut aufgegessen ist, um den übrigen Saft zu ergattern.

Das Öl in einem schweren Topf aus Edelstahl, Gusseisen oder Emaille erhitzen. Die Zwiebeln dazugeben und bei mittlerer Hitze 5 Minuten glasig dünsten. Sie sollten weich, aber nicht braun sein.

Blumenkohl und Äpfel hinzufügen, gut unterrühren und ungefähr 10 Minuten mitgaren. Den Kimchi-Saft angießen und die Hitze reduzieren. Zugedeckt 15 bis 20 Minuten köcheln lassen, bis die gesamte Flüssigkeit eingekocht ist. Heiß servieren.

Ergibt: 6 Tassen (1,4 Kilo)

Falls Sie etwas mehr Reispaste brauchen …

Für viele Kimchi-Rezepte wird Reispaste benötigt. Falls Sie davon größere Mengen herstellen oder innerhalb weniger Tage mehrere Kimchi-Rezepte ausprobieren möchten, ist es sinnvoll, Reispaste in entsprechenden Mengen zuzubereiten und im Kühlschrank aufzubewahren. Geben Sie jeweils 2 Teelöffel (20 Gramm) Reismehl auf 1 Tasse (240 Milliliter) Wasser. Bedenken Sie, dass größere Mengen länger köcheln müssen, bis sie andicken. Je größer die Menge, desto geringer ist die Verdunstung. Für die Kimchi-Rezepte werden jeweils zwischen ¼ und ½ Tasse (60 bis 120 Gramm) Reispaste benötigt.

Falls Sie das Gemüse über Nacht in Lake einlegen, bietet es sich an, die Reispaste direkt nach dem Einlegen zu kochen und diese bis zum Gebrauch in den Kühlschrank zu stellen. (Gekühlt ist sie etwa 3 Tage haltbar.)

THAI-CHI

Zutaten

680 g Chinakohl

1 mittelgroßer (225 g) Daikon-Rettich

4 Esslöffel (72 g) grobes Meer- oder Steinsalz

etwa 2,1 l gefiltertes Wasser

2 Esslöffel (20 g) Reismehl

2 Stücke (je 10 cm) Zitronengras, nur den hellen Kern verwenden

1 Stück (10 cm) frische Ingwerwurzel, ungeschält

8 Knoblauchzehen, geschält

4–5 rote Chilischoten (am besten Bird's-Eye- oder Habanero-Chilis), geputzt und entkernt

½ kleine Zwiebel, geschält

2 Esslöffel (30 ml) Fischsauce

1 Esslöffel (4 g) Chiliflocken

5 Frühlingszwiebeln

6 frische oder tiefgekühlte Kaffirlimettenblätter

Dieses pikante Kimchi enthält einige meiner Lieblingszutaten aus der thailändischen Küche. Die Blätter der Kaffirlimette verleihen Suppen, Brühen und Getränken ein herrlich fruchtiges Aroma. Es schmeckt aber auch ohne Kaffirlimette oder mit 1 Teelöffel (2 Gramm) frisch abgeriebener Limettenschale köstlich.

Den Chinakohl gründlich wässern, um ihn von Erde und Verunreinigungen zu befreien. Den Kohl halbieren, den Strunk entfernen und die Hälften vierteln, sodass acht längliche Stücke entstehen. Sind sie breiter als 5 Zentimeter, werden sie noch einmal halbiert. Die Achtel in 2,5 bis 5 Zentimeter lange Teile schneiden, die dabei in Einzelstücke zerfallen. Anschließend den Kohl in eine sehr große Schüssel geben.

Den Daikon-Rettich putzen und das Grün anderweitig verwenden. In 5 Millimeter breite und 5 Zentimeter lange Stifte schneiden und zu dem Chinakohl geben.

Das Salz in 1,9 Liter Wasser auflösen und die Lake über das Gemüse gießen. Das Gemüse mit einem Teller unter die Lake drücken und 12 bis 24 Stunden einlegen.

In einem kleinen Topf 1 Tasse (240 Milliliter) Wasser mit dem Reismehl mischen und unter ständigem Rühren zum Kochen bringen. Die Hitze auf mittlere Stufe reduzieren und weiterrühren, bis die Mischung andickt. Das dauert etwa 2 Minuten. Die Paste in eine saubere Schüssel geben und in den Kühlschrank stellen, wo sie noch fester wird.

Das Zitronengras in dünne Ringe und die Frühlingszwiebeln in 5 Zentimeter lange Stücke schneiden.

Ingwer, Knoblauch, Chilischoten, Zwiebel, Fischsauce sowie Chiliflocken mit der Reispaste in der Küchenmaschine fast vollständig glatt pürieren. Dann Frühlingszwiebeln, Zitronengras, Limettenblätter und Würzpaste zu dem Gemüse geben und gründlich vermengen, bis eine homogene Mischung entsteht. Diese locker in ein 1-Liter-Glas schichten und den Deckel lose auflegen.

Bei Zimmertemperatur 1 bis 3 Wochen stehen lassen. Hat sich der gewünschte Geschmack entwickelt, den Deckel schließen und das Glas in den Kühlschrank stellen.

Ergibt: 1 Glas (900 Gramm)

KOHLHÄLFTEN-KIMCHI

Es macht sehr viel Spaß, dieses Kimchi zuzubereiten – und es mit anderen zu verspeisen. Bis zum Essen schmückt es den Tisch (siehe Seite 100) und dann wird es feierlich zerlegt. Jeder Gast bekommt eine mindestens 5 Zentimeter breite Scheibe. Falls Sie keine Gäste erwarten, können Sie die ganzen Blätter verwenden und daraus superleckere Wraps zubereiten.

Zutaten

- **½ großer (900 g) Chinakohl**
- **½ Tasse (145 g) grobes Meer- oder Steinsalz**
- **etwa 2,1 l gefiltertes Wasser**
- **2 Esslöffel (20 g) Reismehl**
- **225 g Daikon-Rettich**
- **½ Bund Schnittknoblauch**
- **1 Stück (7 cm) frische Ingwerwurzel, ungeschält**
- **¼ kleine Zwiebel, geschält**
- **4 Knoblauchzehen, geschält**
- **1 Esslöffel (15 ml) Fischsauce**
- **¾ Tasse (90 g) Gochugaru, grob gemahlen**

Den Chinakohl in kaltes Wasser legen oder spülen, um Erde und Verunreinigungen aus den Blättern zu lösen. Dann den Kohl halbieren und zwei Portionen zubereiten oder die zweite Hälfte anderweitig verwenden.

Das Salz in 1,9 Liter Wasser auflösen. Den Chinakohl in eine große Schüssel geben und die Lake darübergießen. Den Kohl mit einem Teller oder einem anderen lebensmittelechten, nichtmetallischen Gegenstand unter die Lake drücken und 24 Stunden einlegen.

Anschließend den Chinakohl abgießen und von allen Seiten gründlich mit kaltem Wasser abspülen. Gehen Sie dabei vorsichtig vor, damit der Kohl nicht auseinanderbricht.

In einem kleinen Topf eine Tasse (240 Milliliter) Wasser mit dem Reismehl bei mittlerer bis starker Hitze unter ständigem Rühren zum Kochen bringen. Die Hitze auf mittlere Stufe reduzieren und weiterrühren, bis die Mischung andickt. Das dauert etwa 4 Minuten. Die Paste in eine saubere Schüssel geben und in den Kühlschrank stellen, wo sie noch fester wird.

Inzwischen den Daikon-Rettich putzen und das Grün anderweitig verwenden. Den Rettich in maximal 5 Millimeter breite Stifte schneiden. Das geht am besten mit dem Gemüsehobel. In eine Schüssel geben.

Den Schnittknoblauch in 5 Zentimeter lange Stücke schneiden und unter die Rettichstifte mengen.

Ingwerwurzel, Zwiebel und Knoblauch grob hacken und mit Fischsauce, Gochugaru und der abgekühlten Reispaste in der Küchenmaschine glatt pürieren. Falls nötig, die Maschine anhalten und die Masse mit einem Spatel von den Wänden lösen.

Auf Wunsch Kimchi- oder Einmalhandschuhe anziehen. Die Würzpaste zu dem Gemüse geben und mit den Händen untermischen, bis alle Zutaten gleichmäßig mit Paste überzogen sind.

Den halben Chinakohl mit der Schnittfläche nach oben auf eine saubere Platte legen und die Würzmischung mit den Händen einarbeiten. Bei kleinen Blättern in der Mitte beginnen und etwas von der Würzmischung in alle Blattzwischenräume reiben. Vorsichtig arbeiten, damit sich die Blätter nicht lösen. Jedes Blatt sollte innen und außen von der Würzmischung überzogen sein. Die restliche Paste fast vollständig über die Außenflächen verteilen.

Den Chinakohl behutsam in das Fermentationsgefäß legen. Dabei sollte möglichst wenig Gemüse herausfallen. Die Außenflächen mit der restlichen Würzmischung einstreichen. Das Gefäß verschließen und Seitenwände sowie Deckel mit einem sauberen feuchten Tuch abwischen.

Das Gefäß auf einen Teller stellen und bei Zimmertemperatur 7 bis 10 Tage stehen lassen. Hat sich der gewünschte Geschmack entwickelt, das Gefäß in den Kühlschrank stellen. Etwa 1 Stunde vor dem Servieren aus dem Kühlschrank holen und den Chinakohl vorsichtig aus dem Gefäß nehmen. Auch dabei sollte möglichst wenig Gemüse herausfallen. Mit der Schnittfläche nach unten auf einer Servierplatte anrichten und auf den Tisch bringen.

Ergibt: 5 bis 6 Portionen

EXTRA-TIPP

Für dieses Kimchi brauchen Sie ein Gefäß, das den Chinakohl eng umschließt. Ich verwende dafür meist eine gläserne Kastenform mit gut sitzendem Deckel. Testen Sie verschiedene Größen, um die geeignete Form zu finden.

KIMCHI AUF WESTLICHE ART

Die Zutaten für dieses Kimchi gibt es in jedem Lebensmittelladen. In Geschmack und Konsistenz besteht zwar ein himmelweiter Unterschied zum traditionellen Baechu-Kimchi (Seite 104), aber es ist eine pikante Alternative für alle, die keine koreanischen Zutaten bekommen. Und es beweist: Wenn man verwendet, was man zur Hand hat, kommt am Ende vielleicht nicht „das Original", aber trotzdem etwas ganz Besonderes dabei heraus.

Zutaten

1 Chinakohl (900 g)

6 Esslöffel (108 g) grobes Meer- oder Steinsalz

etwa 2,1 l gefiltertes Wasser

2½ Esslöffel (25 g) Haushaltsmehl, Type 405

4–5 Radieschen (115 g), ohne Grün und Wurzeln (am besten die Sorte „Cherry Belle" oder „French Breakfast")

5 Frühlingszwiebeln

1 rote Paprikaschote (200 g)

2 kleine frische rote Chilischoten

2 Knoblauchzehen, geschält

1 kleine Zwiebel, geschält

1½ Teelöffel (2 g) Chiliflocken

1½ Teelöffel (3 g) Cayennepfeffer

1 Teelöffel (2 g) Ingwerpulver

1 Teelöffel (5 ml) Sojasauce

Den gründlich gewässerten oder abgespülten Chinakohl halbieren, den Strunk entfernen und die Hälften vierteln, sodass acht längliche Stücke entstehen. Jedes Achtel in vier möglichst quadratische Teile schneiden. Eher längliche Rechtecke noch einmal halbieren.

Dann den Kohl in eine große Schüssel geben. Das Salz in 1,9 Liter Wasser auflösen und die Lake über das Gemüse gießen. Den Kohl mit einem Teller unter die Lake drücken, die Schüssel mit einem Geschirrtuch oder mit Frischhaltefolie abdecken und 12 bis 24 Stunden stehen lassen.

In einem kleinen Topf 1 Tasse (240 Milliliter) Wasser mit dem Mehl verrühren und bei starker Hitze unter ständigem Rühren aufkochen lassen. Dann die Hitze auf mittlere Stufe reduzieren und weiterrühren, bis die Mischung andickt. Das dauert etwa 3 bis 4 Minuten. Die Mehlpaste in eine saubere Schüssel geben und diese im Kühlschrank vollständig abkühlen lassen. Sie wird noch fester und kann sogar eine etwas gummiartige Konsistenz bekommen.

Den Chinakohl abgießen. Die Radieschen in vier Scheiben und die Scheiben jeweils in vier Stifte schneiden. Die Frühlingszwiebeln putzen und in 2,5 bis 5 Zentimeter lange Stücke schneiden. Die rote Paprikaschote vierteln. Stielansatz, Kerne und weiße Häutchen entfernen. Ebenso Stielansätze sowie Kerne der Chilischoten entfernen.

Paprikaschote, Chilischoten, Knoblauch, Zwiebel, Chiliflocken, Cayennepfeffer, Ingwerpulver und Sojasauce mit der Mehlpaste in der Küchenmaschine glatt pürieren. Falls nötig, die Maschine anhalten und die Masse mit einem Spatel von den Wänden lösen.

Chinakohl, Radieschen und Frühlingszwiebeln in eine große Schüssel geben. Auf Wunsch Kimchi- oder Einmalhandschuhe anziehen. Die Würzpaste zu dem Gemüse geben und mit den Händen untermischen, bis alle Zutaten gleichmäßig mit Paste überzogen sind.

Die Mischung in zwei 1-Liter-Gläser oder ein 2-Liter-Glas schichten und gut festdrücken. Mit einem sauberen und feuchten Lappen alle Spuren der Würzpaste am Rand entfernen. Den Deckel locker aufschrauben und das Glas bei Zimmertemperatur ohne direkte Sonneneinstrahlung 2 bis 6 Tage stehen lassen. Hat sich der gewünschte Geschmack entwickelt, den Deckel schließen und das Glas in den Kühlschrank stellen.

Ergibt: 1 großes Glas (1,8 Kilo)

SHISOBLÄTTER-KIMCHI

Zutaten

½ Tasse (120 ml) gefiltertes Wasser

1 Esslöffel (10 g) Reismehl

20 frische rote Shiso- oder Perillablätter mit Stiel (mindestens 2 cm lang), gewaschen und getrocknet

1 Prise Salz

1 Knoblauchzehe, geschält

1 Stück (2 cm) frische Ingwerwurzel, ungeschält

¼ Teelöffel geröstetes Sesamöl

2 Teelöffel (10 ml) Fischsauce

1 Teelöffel (3 g) Gochugaru, grob gemahlen

1 Teelöffel (3 g) Sesamsamen

Es könnte sein, dass der Salat-Wrap seinen Ursprung in den koreanischen Ssam-Gerichten hat, bei denen Speisen in verschiedene Gemüseblätter gewickelt werden. Sie gehören für mich zu den Favoriten unter den Fingerfoods. Shisoblätter aus dem Asialaden sind recht klein und haben die perfekte Größe. Sie passen bestens zu Reisgerichten, gegrilltem Fleisch und Banchan (kleinen Köstlichkeiten) aller Art. Wenn Sie von Kimchi nicht genug bekommen können: Füllen Sie die Blätter doch einfach mit Kürbis-Gewürz-Kimchi (Seite 115). Und das Beste an den kleinen Päckchen ist, dass man sich hinterher nur die Finger ablecken muss.

In einem kleinen Topf Wasser und Reismehl unter ständigem Rühren zum Kochen bringen. Die Hitze auf mittlere Stufe reduzieren und weiterrühren, bis die Mischung andickt. Das dauert etwa 1 Minute. In eine Schüssel geben und in den Kühlschrank stellen, wo sie beim Abkühlen noch fester wird.

Die abgekühlte Reispaste mit Salz, Knoblauch, Ingwer, Sesamöl, Fischsauce und Gochugaru in der Küchenmaschine glatt pürieren. Falls nötig, die Maschine anhalten und die Masse mit einem Spatel von den Wänden lösen. Die Sesamsamen unterrühren.

Die Hände mit Handschuhen schützen oder einen kleinen Küchenpinsel verwenden, um die Shisoblätter mit der Würzpaste zu umhüllen. Das größte Blatt auf einen Teller legen und zuerst die Unterseite, dann die Oberseite dünn bestreichen. Das nächste Blatt mit der Rückseite nach unten darüberlegen, erneut überall dünn bestreichen und nur die Stiele aussparen. Die Würzpaste hält die Blätter zusammen. So lange weitermachen, bis alle Blätter übereinander geschichtet und mit Würzpaste bestrichen sind.

Die Reste der Mischung großzügig über den ganzen Stapel verteilen. Die Blätter an den Stielen fassen und in einen Frischhaltebeutel mit Zip-Verschluss geben. Die Luft herausdrücken und verschließen. Die Blätter 48 Stunden im Kühlschrank reifen lassen und innerhalb von 24 Stunden verzehren.

Ergibt: 20 Blätter oder 2 bis 3 Portionen

VEGANES KIMCHI

Viele meiner Freunde ernähren sich vegan und lieben Kimchi. Damit alle mitessen können, gibt es mein Baechu-Kimchi (Seite 104) oft ohne Fischsauce und Garnelen oder diese Kimchi-Variation, die ich speziell für Veganer kreiert habe. Sie kommt ganz ohne tierische Produkte aus, enthält dafür aber eine ordentliche Portion Gemüse.

Zutaten

½ Chinakohl (450 g)

½ kleine Lauchstange

1 kleiner Daikon-Rettich (230 g)

1 Karotte

¼ Tasse (73 g) grobes Meer- oder Steinsalz

etwa 2,1 l gefiltertes Wasser

4 Teelöffel (13 g) Reismehl

½ Bund Schnittknoblauch

¼ rote oder orangefarbene Paprikaschote, geputzt und entkernt

1 Stück (7 cm) frische Ingwerwurzel, ungeschält

½ mittelgroße Zwiebel, geschält

2 Knoblauchzehen, geschält

½ Tasse (60 g) Gochugaru, grob gemahlen

2 Kombu-Algen-Streifen, etwa 5 mm breit

Den Chinakohl in kaltes Wasser legen oder gründlich spülen, um Erde und Verunreinigungen aus den Blättern zu lösen. Ein ganzes Blatt als Abdeckung beiseitelegen. Den Strunk entfernen und die Chinakohlhälfte vierteln. Sind die Teile breiter als 5 Zentimeter, werden sie noch einmal halbiert. Die Viertel in 2,5 bis 5 Zentimeter lange Stücke schneiden und den Chinakohl in eine große Schüssel geben.

Den Lauch putzen und in dünne Ringe schneiden. Gut wässern oder abspülen, um alle Erdreste zu entfernen. Den Daikon-Rettich ebenso putzen sowie Grün und Wurzelfäden entfernen. Dann den Rettich in 1,5 Zentimeter breite Stifte schneiden. Die Karotte putzen und in große Stücke schneiden. Lauch, Daikon-Rettich und Karotte zu dem Chinakohl geben.

Das Salz in 1,9 Liter Wasser auflösen und die Lake über das Gemüse gießen. Das Gemüse mit einem Teller oder einem anderen lebensmittelechten, nichtmetallischen Gegenstand unter die Lake drücken. Mindestens 12 bis 24 Stunden bei Zimmertemperatur stehen lassen. Die Lake abgießen und das Gemüse mit einem sauberen Geschirrtuch möglichst trocken tupfen. Die Schüssel abspülen, abtrocknen und das Gemüse wieder hineingeben.

In einem kleinen Topf die übrigen 175 Milliliter Wasser mit dem Reismehl bei mittlerer bis starker Hitze unter ständigem Rühren zum Kochen bringen. Auf mittlere Hitze reduzieren und weiterrühren, bis die Mischung andickt. Das dauert etwa 2 Minuten. Den Topf vom Herd nehmen und die Masse abkühlen lassen. Sie zieht dabei noch etwas an.

Den Schnittknoblauch in 5 Zentimeter lange und die Paprikaschote grob in Stücke schneiden. Zu dem Gemüse geben.

Ingwerwurzel, Zwiebel und Knoblauch grob hacken und mit Gochugaru und der abgekühlten Reispaste in der Küchenmaschine glatt pürieren. Falls nötig, die Maschine anhalten und die Masse mit einem Spatel von den Wänden lösen.

Auf Wunsch Kimchi- oder Einmalhandschuhe anziehen. Die Würzpaste und die Kombu-Algen-Streifen zu dem Gemüse geben und mit den Händen untermischen, bis alle Zutaten gleichmäßig verteilt sind. Den Handschuh der nicht dominanten Hand ausziehen und ein sauberes 1-Liter-Glas bereitstellen.

Das Glas bis 2,5 bis 5 Zentimeter unter den Rand mit der Gemüsemischung befüllen, dabei das Gemüse immer wieder gut verdichten. Mit einem sauberen und feuchten Lappen alle Spuren der Würzpaste vom Rand entfernen. Das Kimchi auf die bevorzugte Weise (siehe Seite 23 ff.) beschweren und das Glas abdecken. Kimchi ist allerdings nicht anfällig für Hefe- oder Schimmelbildung an der Oberfläche und muss daher nicht unbedingt beschwert werden.

Bei Zimmertemperatur 3 bis 7 Tage stehen lassen. Hat sich der gewünschte Geschmack entwickelt, das Gewicht entfernen, das Glas mit einem Deckel verschließen und in den Kühlschrank stellen.

Ergibt: 1 Glas (900 Gramm)

EXTRA-TIPP

Wenn Sie keine Kombu-Algen zur Hand haben, können Sie die Würzpaste stattdessen beim Pürieren mit etwa ¼ Teelöffel gekörnter Gemüsebrühe verfeinern.

KÜRBIS-GEWÜRZ-KIMCHI

Auf die herbst- und winterlich aromatisierten Speisen und Getränke freue ich mich jedes Jahr. Aber nicht etwa wegen der Zimtsterne oder des Glühweins, sondern weil es Kürbisse aus regionalem Anbau gibt und ich frisches Kürbis-Gewürz-Kimchi ansetzen kann. Es funktioniert mit praktisch allen Winterkürbissen, doch mit japanischem Kabocha-Kürbis oder auch Butternut-Kürbis schmeckt es besonders lecker.

Zutaten

- 1 kleiner Kürbis (1,4 kg)
- 3 Esslöffel (54 g) grobes Meer- oder Steinsalz
- etwa 1,4 l gefiltertes Wasser
- 4 Teelöffel (13 g) Reismehl
- ½ kleine Lauchstange (60 g), ohne Grün
- 4 mittelgroße Weißkohl-, Rotkohl- oder Wirsingblätter
- 3 Knoblauchzehen, geschält
- 1 Stück (5 cm) frische Ingwerwurzel, ungeschält
- ¼ Tasse (30 g) Gochugaru, grob gemahlen
- 1 Esslöffel (4 g) Chiliflocken
- ½ Teelöffel Fischsauce
- ½ kleine Zwiebel, geschält und grob gehackt
- 1 kleine Karotte, ungeschält und grob gehackt

Den Kürbis halbieren und mit dem Löffel die Kerne herauslösen. Den Stielansatz entfernen und den Kürbis vorsichtig schälen. Einige große Streifen der Kürbisschale aufheben. Die geschälten Kürbishälften in ungefähr 1,5 Zentimeter große Würfel schneiden.

Die Kürbiswürfel in eine Schüssel geben. Das Salz in 1,2 Litern Wasser auflösen und über den Kürbis gießen. Die Stücke mit einem Teller oder einem anderen lebensmittelechten, nichtmetallischen Gegenstand unter die Lake drücken und 12 bis 24 Stunden einlegen. Anschließend die Lake abgießen, die Kürbisstücke trocken tupfen und in eine große Schüssel geben.

In einem kleinen Topf die restlichen 175 Milliliter Wasser mit dem Reismehl bei mittlerer bis starker Hitze unter ständigem Rühren zum Kochen bringen. Die Hitze auf mittlere Stufe reduzieren und weiterrühren, bis die Mischung andickt. Das dauert etwa 2 Minuten. Den Topf vom Herd nehmen und die Masse abkühlen lassen. Sie zieht dabei noch etwas an.

Den Lauch putzen und in maximal 3 Millimeter dünne Ringe schneiden. In eine kleine Schüssel geben, mit Wasser übergießen und beiseitestellen. Dann von den Kohlblättern die Stiele entfernen, die Blätter aufeinanderlegen, zusammenrollen und in 1,5 Zentimeter breite Streifen schneiden. Zu den Kürbiswürfeln geben.

Die abgekühlte Reispaste mit Knoblauch, Ingwer, Gochugaru, Chiliflocken, Fischsauce, Zwiebel und Karotte in der Küchenmaschine glatt pürieren.

Den gewässerten Lauch vorsichtig aus der Schüssel nehmen, ohne den möglicherweise erdigen oder sandigen Bodensatz aufzuwühlen und zu den Kürbiswürfeln und Blattkohlstreifen geben.

Auf Wunsch Kimchi- oder Einmalhandschuhe anziehen. Die Würzpaste zu dem Gemüse geben und mit den Händen untermischen, bis alle Zutaten gleichmäßig damit überzogen sind. Den Handschuh der nicht dominanten Hand ausziehen und ein sauberes 1-Liter-Glas bereitstellen.

Das Glas bis 2,5 Zentimeter unter den Rand mit der Kürbismischung füllen und das immer wieder Gemüse gut verdichten. Mit einem sauberen und feuchten Lappen alle Spuren der Würzpaste am Rand entfernen. Das Kimchi auf die bevorzugte Weise (siehe Seite 23 ff.) beschweren, unter eine dünne Schicht Würzpaste drücken und das Glas abdecken. Kimchi ist allerdings nicht anfällig für Hefe- oder Schimmelbildung an der Oberfläche und muss daher nicht unbedingt beschwert werden.

Bei Zimmertemperatur 6 bis 21 Tage stehen lassen. Das Gewicht entfernen, das Glas mit einem Deckel verschließen und in den Kühlschrank stellen.

Ergibt: 1 Glas (900 Gramm)

NUDELAUFLAUF MIT KIMCHI-KÄSE-SAUCE

Zutaten

230 g Pasta (am besten Penne) *plus* Salzwasser zum Kochen

1 Tasse (120 g) Greyerzer, gerieben

1 Tasse (120 g) Cheddar, gerieben

2 Esslöffel (16 g) Speisestärke

frisch gemahlener schwarzer Pfeffer (Menge nach Wunsch)

1¾ Tassen (420 ml) Vollmilch

1 Teelöffel (5 g) Senf

2 Esslöffel (30 g) Butter

½ Tasse (120 ml) Kimchi-Saft (von Baechu-Kimchi, Seite 104, oder Kimchi aus dem Gärtopf, Seite 170)

½ Tasse (75 g) Baechu-Kimchi (Seite 104) oder Rettich-Kimchi (Seite 119), fein gehackt

ein Kimchi der Wahl zum Garnieren (Menge nach Wunsch)

Wir essen fermentiertes Gemüse meist roh – pur, als Beilage oder im Salat. Aber bei diesem Rezept ist alles anders. Das Gericht ist ein unvergleichlicher Genuss! Wenn Sie für eine größere Gruppe kochen, sollten Sie die Menge verdoppeln und die Nudeln 20 bis 25 Minuten länger im Ofen lassen.

Den Ofen auf 190 °C vorheizen.

Die Pasta bei mittlerer bis starker Hitze 5 Minuten in Salzwasser kochen und durch ein Sieb abgießen. Den geriebenen Käse in einer Schüssel vermischen.

Anschließend Speisestärke, Pfeffer, Milch und Senf in einem großen Topf verrühren. Die Butter dazugeben und alles bei mittlerer bis starker Hitze unter ständigem Rühren zum Kochen bringen. Den Kimchi-Saft hinzufügen. Weiterrühren, die Mischung noch einmal aufkochen und 1 Minute köcheln lassen. Den Topf vom Herd nehmen. Dann 1½ Tassen (180 Gramm) Käse und das gehackte Kimchi dazugeben und so lange rühren, bis der Käse geschmolzen ist. Die Pasta unterheben.

Die Mischung in eine 2-Liter-Auflaufform füllen und mit der restlichen ½ Tasse (60 Gramm) Käse bestreuen. Die Nudeln 25 Minuten im Ofen überbacken und 3 Minuten übergrillen, bis die Sauce köchelt und der Käse leicht gebräunt ist. Vor dem Servieren 10 Minuten abkühlen lassen und genießen.

Ergibt: 4 Portionen

EXTRA-TIPPS

Naturreisnudeln machen das Gericht glutenfrei. Dabei sollten Sie die auf der Packung angegebene Kochzeit halbieren.
Das Gericht können Sie auch in einem gusseisernen oder emaillierten Schmortopf zubereiten.

Zutaten

1 Salatgurke, beide Enden entfernt

2½ Esslöffel (45 g) grobes Meer- oder Steinsalz

1 Tasse (240 ml) gefiltertes Wasser

2 Esslöffel (20 g) Reismehl

1 kleine Karotte (60 g)

½ Bund Schnittknoblauch

1 Stück (2 cm) frische Ingwerwurzel, ungeschält

¼ Tasse (30 g) Gochugaru, grob gemahlen

3 Knoblauchzehen, geschält

GURKEN-KIMCHI

Ich mag das koreanische Gurken-Kimchi Oisobagi. Die gefüllten Gurkenzylinder schmecken einfach köstlich und sind obendrein auch noch schön anzusehen. Sie werden traditionell nicht fermentiert, sondern sofort serviert. Die fermentierte Version kann zwar nicht mit diesen optischen Reizen locken, schmeckt dafür aber umso besser!

Die ungeschälte Gurke in 2,5 Zentimeter breite Scheiben schneiden. Das Salz in ein kleines Schälchen geben und die Gurkenstücke mit den Schnittflächen hineindrücken, bis sie vollständig mit Salz bedeckt sind. Mit dem restlichen Salz auch die Seiten der Gurkenstücke einreiben. Dann die Gurkenstücke in ein Sieb geben und dieses über Nacht in eine Schüssel stellen, damit sie Wasser ziehen. Nach mindestens 8 Stunden gründlich mit kaltem Wasser abspülen und in einer Schüssel beiseitestellen.

In einem kleinen Topf Wasser und Reismehl unter ständigem Rühren zum Kochen bringen. Die Hitze auf mittlere Stufe reduzieren und weiterrühren, bis die Mischung andickt. Das dauert etwa 2 bis 3 Minuten. Den Topf vom Herd nehmen und die Masse abkühlen lassen.

Die Karotte in feine Stifte, den Schnittknoblauch in 2,5 bis 5 Zentimeter lange Stücke schneiden und zu den Gurkenstücken geben.

Ingwer, Gochugaru und Knoblauch mit der abgekühlten Reispaste in der Küchenmaschine glatt pürieren.

Auf Wunsch Kimchi- oder Einmalhandschuhe anziehen. Die Würzpaste zu dem Gemüse geben und mit den Händen untermischen, bis alle Zutaten gleichmäßig damit überzogen sind. Dann die Gurkenstücke in ein 1-Liter-Glas schichten. Sie müssen wegen der kurzen Fermentationszeit nicht beschwert werden.

Bei Zimmertemperatur 3 bis 7 Tage stehen lassen.

Ergibt: 3 Tassen (675 Gramm)

RETTICH-KIMCHI

Traditionell wird dieses Kimchi nur aus Daikon-Rettichen zubereitet, aber ich peppe es gern mit ein paar etwas schärferen Radieschen auf. Sie können die mildere oder schärfere Variante wählen – je nachdem, welche der beiden Gemüse Sie zur Hand haben und wie scharf Sie Ihr Kimchi mögen.

Zutaten

1 Daikon-Rettich oder 450 g Radieschen, gemischt

2 Esslöffel (36 g) grobes Meer- oder Steinsalz

½ Tasse (120 ml) gefiltertes Wasser

1 Esslöffel (10 g) Reismehl

4 Knoblauchzehen, geschält

1 Stück (5 cm) frische Ingwerwurzel, ungeschält

1 kleine Zwiebel, geschält und grob gehackt

½ Teelöffel Fischsauce

¼ Tasse (30 g) Gochugaru, grob gemahlen

½ Bund Schnittknoblauch

Rettich oder Radieschen in 2 Zentimeter große Würfel schneiden. In eine Schüssel geben, die Schnittflächen salzen und 30 Minuten stehen lassen. Anschließend noch einmal gut durchmischen und dabei auch das Salz verteilen, das sich in der Schüssel angesammelt hat.

Das Wurzelgemüse weitere 30 Minuten stehen lassen, bis es Wasser zieht.

In einem kleinen Topf Wasser und Reismehl unter ständigem Rühren zum Kochen bringen. Die Hitze auf mittlere Stufe reduzieren und weiterrühren, bis die Mischung andickt. Das dauert etwa 2 Minuten. Den Topf vom Herd nehmen und die Masse abkühlen lassen.

Die feuchten Rettich- oder Radieschenwürfel kalt abspülen und einen Würfel probieren. Er sollte salzig schmecken, aber nicht ungenießbar sein. Die Würfel abtropfen lassen.

Knoblauch, Ingwer, Zwiebel, Fischsauce und Gochugaru mit der abgekühlten Reispaste in der Küchenmaschine glatt pürieren.

Den Schnittknoblauch in 5 Zentimeter lange Stücke schneiden. Die Rettich- oder Radieschenwürfel trocken tupfen und alle Zutaten in eine Schüssel geben. Auf Wunsch Kimchi- oder Einmalhandschuhe anziehen und die Mischung gründlich vermengen, bis das Gemüse gleichmäßig mit Würzpaste überzogen ist. Anschließend das Gemüse in ein 1-Liter-Glas schichten, dabei immer wieder gut verdichten. Mit einem sauberen und feuchten Lappen alle Spuren der Würzpaste am Rand entfernen. Den Deckel locker aufschrauben und das Glas bei Zimmertemperatur 7 bis 14 Tage stehen lassen.

Hat sich der gewünschte Geschmack entwickelt, den Deckel schließen und das Glas in den Kühlschrank stellen.

Ergibt: 1 Glas (900 Gramm)

NABAK KIMCHI

Zutaten

½ kleiner Daikon-Rettich (120 g)

450 g Chinakohl

½ kleine Zwiebel (25 g), geschält und gehackt

1 kleine Nashi-Birne (200 g), entkernt und in Achtel geschnitten

1 Stück (2 cm) frische Ingwerwurzel, ungeschält und fein gehackt

1 Karotte

2 Frühlingszwiebeln, geputzt und in 5 cm lange Stücke geschnitten

2 Knoblauchzehen, geschält und in dünne Scheiben geschnitten

1 Esslöffel (8 g) Gochugaru, grob gemahlen

5 Teelöffel (30 g) grobes Meer- oder Steinsalz

4 Tassen (960 ml) gefiltertes Wasser

Das Wörtchen nabak bezieht sich auf die quadratische Form der Gemüsestücke. Aber für mich ist das Entscheidende an diesem Kimchi die Art und Weise, wie es serviert wird – als herrlich leichte, gekühlte Suppe. Die perfekte Vorspeise im Frühling!

Den Daikon-Rettich putzen und das Grün entfernen. Dann den Rettich in 2,5 Zentimeter dicke Scheiben schneiden. Die Scheiben flach auf das Schneidbrett legen und vierteln. Die Viertel in 5 Millimeter dicke Stifte schneiden. Zuerst den Daikon-Rettich und dann auch die Karotte auf diese Weise verarbeiten.

Den Chinakohl in kaltes Wasser legen oder gründlich spülen, um Erde und Verunreinigungen aus den Blättern zu lösen. Dann gut abbrausen, trocken tupfen und in Streifen schneiden.

Daikon-Rettich, Chinakohl, Zwiebel, Nashi-Birne, Karotte, Ingwer, Frühlingszwiebeln und Knoblauch in einer großen Schüssel mischen und auf zwei 1-Liter-Gläser verteilen.

Das Salz im Wasser auflösen und die Gläser mit der Lake aufgießen, bis das Gemüse bedeckt ist. Gochugaru auf beide Gläser verteilen und einrühren.

Wegen der kurzen Fermentationszeit muss das eingelegte Gemüse nicht beschwert werden. Nach 4 bis 5 Tagen gekühlt servieren.

Ergibt: 2 Liter

EXTRA-TIPPS

Traditionelles Nabak Kimchi ist weniger üppig, aber ich liebe Suppen mit viel Gemüse. Wer es klassisch mag, verwendet nur die Hälfte Chinakohl, Daikon-Rettich, Frühlingszwiebeln und Birne. Und wer nicht gern scharf isst, verzichtet auf das Gochugaru.

PESTO-CHI

Zutaten

800 g Chinakohl

1 Daikon-Rettich (250 g), geputzt und ohne Grün

2½ Esslöffel (45 g) grobes Meer- oder Steinsalz

1,2 l gefiltertes Wasser

50 g Basilikumblätter

3 Knoblauchzehen, geschält

1½ Teelöffel (7 g) brauner Vollrohrzucker

2 Esslöffel (7 g) Chiliflocken

abgeriebene Schale von 2 Bio-Zitronen

Ich weiß nie genau, was in meinem Garten angeht, und säe deshalb immer etwas mehr als ich brauche. Vor ein paar Jahren gingen alle Samen auf, und ich stand plötzlich vor einer Rekordernte von ein paar Dutzend Basilikumpflanzen. Als das Gartenjahr zu Ende ging, konnten wir kein Pesto mehr sehen, und wenn ich mich mit einem duftenden Basilikumstrauß näherte, nahmen auch die Nachbarn Reißaus. Es war also an der Zeit, die Basilikumflut mit anderen Mitteln einzudämmen. Und so kreierte ich Pesto-Chi, mit dem die Basilikumverwertung doch noch ein köstliches Ende nahm.

Den Chinakohl in zimmerwarmes Wasser legen oder abspülen, um ihn von Erde und Verunreinigungen zu säubern. Unschöne oder welke äußere Blätter entfernen.

Den Chinakohl halbieren, den Strunk entfernen und die Kohlhälften vierteln, sodass acht 4 Zentimeter breite Teile entstehen. Die Achtel in annähernd 4 x 4 Zentimeter große Quadrate schneiden. Den Chinakohl in eine große Schüssel geben.

Den Daikon-Rettich in 5 bis 15 Millimeter breite Stifte schneiden und diese gegebenenfalls auf 5 bis 7,5 Zentimeter kürzen. Zu dem Chinakohl geben.

Das Salz im Wasser auflösen und die Lake über das Gemüse gießen. Das Gemüse mit einem Teller oder einem anderen lebensmittelechten, nichtmetallischen Gegenstand unter die Lake drücken. Mit einem Geschirrtuch abdecken und bei Zimmertemperatur 12 bis 24 Stunden stehen lassen. Die Lake abgießen und das Gemüse trocken tupfen.

Basilikum, Knoblauch, braunen Zucker und Chiliflocken in der Küchenmaschine zu einer glatten Paste verarbeiten. Die Zitronenschale dazugeben.

Auf Wunsch Kimchi- oder Einmalhandschuhe anziehen. Die Basilikumpaste zu dem Gemüse geben und mit den Händen untermischen, bis es gleichmäßig damit überzogen ist. Sind alle Zutaten gründlich gemischt, den Handschuh der nicht dominanten Hand ausziehen und ein sauberes 1-Liter-Glas bereitstellen. Das Gemüse hineinschichten und dabei immer wieder gut verdichten. Mit einem Gewicht Ihrer Wahl beschweren.

Das Pesto-Chi bei Zimmertemperatur 5 bis 14 Tage stehen lassen. Nach 5 Tagen ist das Basilikumaroma am stärksten. Je länger der Ansatz steht, desto stärker geht es im milchsauren Geschmack der Fermentation auf.

Hat sich der gewünschte Geschmack entwickelt, das Gewicht entfernen, das Glas mit einem Deckel verschließen und in den Kühlschrank stellen.

Ergibt: 1 Glas (900 Gramm)

SALSA-CHI

Mein Mann stammt aus Kalifornien und sah es als seine Pflicht an, mich in die besten Taquerías entlang der kalifornischen Küste auszuführen. Ich lernte, dass ein gutes Taco mit Radieschen, Karotten und einer der zahlreichen leckeren Salsas gefüllt sein sollte, die mich schließlich zu diesem Kimchi inspiriert haben.

Zutaten

- 1 Chinakohl (800 g)
- 8 kleine Radieschen, geputzt und geviertelt (am besten die Sorte „Cherry Belle")
- 1 Karotte (50 g), gehackt
- ¼ Tasse (73 g) grobes Meer- oder Steinsalz
- 1,9 l Wasser
- 1 große Tomate (200 g), von harten Teilen befreit
- 2 Esslöffel (30 g) Tomatenmark
- 2 große Jalapeñoschoten, ohne Stielansatz und Kerne
- ½ kleine Zwiebel (50 g), gehackt
- 3 Knoblauchzehen, geschält
- 4 Frühlingszwiebeln, gehackt
- ½ Bund frischer Koriander mit Stängeln, gehackt
- abgeriebene Schale von 1 Bio-Limette

Den Chinakohl in kaltes Wasser legen oder gründlich spülen, um ihn von Erde und Verunreinigungen zu säubern. Unschöne oder welke äußere Blätter entfernen. Den Chinakohl halbieren, den Strunk entfernen und die Kohlhälften vierteln, sodass acht 4 Zentimeter breite Teile entstehen. Die Achtel in annähernd 4 x 4 Zentimeter große Quadrate schneiden. Den Chinakohl in eine große Schüssel geben. Radieschen- und Karottenstücke hinzufügen.

Das Salz im Wasser auflösen und die Lake über das Gemüse gießen. Das Gemüse mit einem Teller oder einem anderen lebensmittelechten, nichtmetallischen Gegenstand unter die Lake drücken. Die Schüssel mit einem Geschirrtuch abdecken und bei Zimmertemperatur 12 bis 24 Stunden stehen lassen. Die Lake abgießen, das Gemüse trocken tupfen und in eine große Schüssel geben.

Tomate, Tomatenmark, Jalapeñoschoten, Zwiebel und Knoblauch in der Küchenmaschine glatt pürieren. Falls nötig, die Maschine anhalten und den Inhalt mit einem Spatel von den Wänden lösen. Die Paste zu dem Gemüse geben. Frühlingszwiebeln, Koriander und Limettenschale hinzufügen.

Auf Wunsch Kimchi- oder Einmalhandschuhe anziehen und die Zutaten mit den Händen vermischen, bis das Gemüse gleichmäßig mit der Paste überzogen ist. Den Handschuh der nicht dominanten Hand ausziehen und ein sauberes 1-Liter-Glas bereitstellen. Das Gemüse hineinschichten, gut verdichten, das Glas abdecken und bei Zimmertemperatur 3 bis 5 Tage stehen lassen.

Hat sich der gewünschte Geschmack entwickelt, mit einem Deckel gut verschließen und das Glas in den Kühlschrank stellen.

Ergibt: 1 Glas (900 Gramm)

GRÜNE-BOHNEN-KIMCHI

Dieses Kimchi gehört zu meinen absoluten Favoriten. Das Rezept ist alles andere als traditionell und wurde von einem meiner chinesischen Lieblingsgerichte inspiriert – scharfen grünen Bohnen. Das Fünf-Gewürze-Pulver ist der Schlüssel zu dieser überwältigend aromatischen Mischung.

Zutaten

230 g grüne Bohnen, geputzt, blanchiert und in Eiswasser abgeschreckt

5 Teelöffel (30 g) grobes Meer- oder Steinsalz

4½ Tassen (1,1 l) gefiltertes Wasser

1 Esslöffel (10 g) Reismehl

1 Stück (2 cm) frische Ingwerwurzel, ungeschält

¼ Tasse (30 g) Gochugaru, grob gemahlen

2 Knoblauchzehen, geschält

½ kleine Zwiebel (50 g), geschält und gehackt

½ Teelöffel Fischsauce

½ Teelöffel chinesisches Fünf-Gewürze-Pulver

5 Stängel Schnittknoblauch

Die grünen Bohnen in 2,5 Zentimeter lange Stücke schneiden und in eine Schüssel geben.

Das Salz in 4 Tassen (960 Milliliter) Wasser auflösen und die Lake über die Bohnen gießen. Die Bohnen mit einem Teller oder einem anderen lebensmittelechten, nichtmetallischen Gegenstand unter die Lake drücken und bei Zimmertemperatur über Nacht stehen lassen. Anschließend die Lake abgießen.

In einem kleinen Topf die restliche ½ Tasse (120 Milliliter) Wasser und das Reismehl unter ständigem Rühren zum Kochen bringen. Die Hitze auf mittlere Stufe reduzieren und weiterrühren, bis die Mischung andickt. Das dauert etwa 2 Minuten. Den Topf vom Herd nehmen und die Masse abkühlen lassen.

Die Reispaste mit Ingwer, Gochugaru, Knoblauch, Zwiebel, Fischsauce und Fünf-Gewürze-Pulver in der Küchenmaschine glatt pürieren.

Auf Wunsch Kimchi- oder Einmalhandschuhe anziehen. Die Würzpaste zu den Bohnen geben und mit den Händen untermischen, bis sie gleichmäßig damit überzogen sind. Den Handschuh der nicht dominanten Hand ausziehen und ein sauberes 0,5-Liter-Glas bereitstellen. Das Gemüse einschichten, immer wieder gut verdichten und den Deckel locker aufschrauben.

Das Kimchi bei Zimmertemperatur 1 bis 2 Wochen stehen lassen. Hat sich der gewünschte Geschmack entwickelt, den Deckel schließen und das Glas in den Kühlschrank stellen.

Ergibt: 1 kleines Glas (450 Gramm)

KAPITEL 4

Sauen, Salsas und Dips

In zahlreichen fernöstlichen Kulturen gibt es eine lange Tradition, zu fast allen Mahlzeiten milchsaures Gemüse zu servieren – die Palette reicht vom koreanischen *Banchan* bis hin zum indischen *Thali*. Im Westen hingegen trifft man auf ein kulinarisches Überangebot an herzhaften Saucen und unterschiedlichen Würzmitteln. Die Rezepte in diesem Kapitel sollen beide Ansätze verbinden, damit wir unsere Portion Probiotika bekommen und unsere Mahlzeiten wie gewohnt genießen können.

Innerhalb einer Familie können die Vorstellungen weit auseinandergehen: Die eine Hälfte liebt Fermentiertes und die andere lehnt dankend ab. Doch milchsauer vergorene Saucen können auch für heikle Esser ein großartiger Weg zum gesunden Fermentationsgenuss sein.

SOMMERLICHE MAIS-SALSA

Zutaten

2 mittelgroße Maiskolben, ohne Blätter und Bart

½ Tasse (80 g) milde Zwiebeln, klein gewürfelt

½ Knoblauchzehe, geschält und in dünne Scheiben geschnitten

1 Jalapeñoschote, ohne Stielansatz, entkernt und klein gewürfelt

1½ Teelöffel (9 g) grobes Meer- oder Steinsalz

1 Tasse *plus* 2 Esslöffel (270 ml) gefiltertes Wasser

Ich stamme aus Michigan und bin in der Gewissheit aufgewachsen, dass die folgende Gleichung immer stimmt: *Schwimmbad + Mais = Sommer.* Sie werden mich nicht davon überzeugen können, dass der Mais anderswo ebenso süß schmeckt, aber diese Salsa bringt auch weniger überragende Sorten groß raus. Genießen Sie sie direkt aus dem Glas oder mit frisch gehackten Tomaten und Koriander. Und sogar das Kochen können Sie sich sparen, denn nach der Fermentation ist der Mais wunderbar zart und kann sofort verzehrt werden.

Einen Maiskolben mit dem breiten Ende auf einen Teller oder in eine flache Schüssel stellen. An der Spitze fassen und die Körner mit einem scharfen Messer von oben nach unten vom Kolben schneiden. Mit den anderen Maiskolben ebenso verfahren.

Maiskörner, Zwiebeln, Knoblauch und Jalapeño in ein 0,5-Liter-Glas geben. Das Salz im Wasser auflösen und die Lake über das Gemüse gießen. Das Gemüse auf die bevorzugte Weise (siehe 23 ff.) unter die Lake drücken und das Glas abdecken.

Die Salsa bei Zimmertemperatur 4 bis 5 Tage stehen lassen. Die Lake sollte trüb und der Mais noch leicht süß, gleichzeitig aber schon recht sauer sein.

Anschließend im Kühlschrank aufbewahren. Die Mais-Salsa vor dem Servieren durch ein Sieb abgießen.

Ergibt: 1 kleines Glas (450 Gramm)

ZWEIERLEI SALSAS

Zutaten

1 gehäufte Tasse (200 g) Tomaten, von harten Teilen befreit, entkernt und in kleine Stücke geschnitten

½ Tasse (75 g) Zwiebeln, gehackt

1 kleine Knoblauchzehe, geschält

½ Jalapeñoschote, entstielt und entkernt

1 Teelöffel (6 g) feines Tafelsalz (bei Zubereitung auf *Pico de gallo*-Art zunächst ¼ Teelöffel Salz in ½ Tasse (120 ml) Wasser auflösen und später nach Belieben abschmecken)

½ Tasse (120 ml) gefiltertes Wasser (nur bei Zubereitung auf *Pico de gallo*-Art)

½ Tasse (8 g) frischer Koriander, mit Stängeln

1 Spritzer Limettensaft (wenn gewünscht)

Tomaten enthalten viel Zucker, werden schnell weich, verlieren ihren Biss und bekommen schließlich eine unangenehm mehlige Konsistenz. Wenn Sie alle Zutaten fermentieren möchten, sollten Sie die Salsa am besten vorher pürieren. Oder Sie fermentieren die Tomaten nicht mit, sondern geben sie wie bei einer *Pico de gallo*-Würzsauce erst kurz vor dem Servieren mit etwas Koriander dazu. Beide Varianten führen zu unterschiedlichen Ergebnissen, schmecken aber ausgesprochen lecker. Mit Tortilla-Chips oder Tacos servieren.

Püriert: Tomaten, Zwiebeln, Knoblauch und Jalapeñoschote in ein 0,5-Liter-Glas geben. Das Salz hinzufügen, das Glas mit einem Deckel verschließen und schütteln, um das Salz zu verteilen. Nach einer halben Stunde ziehen die Tomaten Wasser. Den Deckel etwas aufschrauben und das Glas an einem Ort ohne direkte Sonneneinstrahlung auf ein Geschirrtuch oder einen Teller stellen.

Da die Tomatenstücke nach oben steigen, das Glas 1- bis 2-mal täglich schütteln, damit sie immer von Flüssigkeit bedeckt werden.

Nach 3 Tagen probieren. Entspricht der Geschmack Ihren Vorstellungen, sind die Tomaten fertig! Sind sie nicht sauer genug, können Sie noch 1 Tag warten.

Anschließend die Flüssigkeit abgießen (sie kann als Starter für andere Beilagen dienen oder Suppen und anderen Gerichten eine säuerlich-salzig-aromatische Tiefe verleihen). 1 Stängel Koriander beiseitelegen, den Rest mit der Tomatenmischung in der Küchenmaschine mit der Pulse-Funktion zu einer stückigen Masse verarbeiten.

Die Salsa in eine Schale füllen, mit Limettensaft beträufeln und mit gehacktem Koriander garnieren.

Auf Pico de gallo-*Art*: Den Knoblauch fein hacken. Zwiebeln, Knoblauch und Jalapeñoschote in ein 0,5-Liter-Glas geben. Dann ¼ Teelöffel Salz in ½ Tasse (120 Milliliter) Wasser auflösen. Die Lake über das Gemüse gießen und das Glas mit einem Deckel verschließen.

Bei Zimmertemperatur 5 Tage stehen lassen.

Die Flüssigkeit abgießen und das fermentierte Gemüse in eine Schüssel geben. Die klein geschnittenen Tomaten und den gehackten Koriander untermengen. Salzen und auf Wunsch mit Limettensaft verfeinern.

Ergibt: 1 kleines Glas (450 Gramm)

TOMATILLO-SALSA

Zutaten

1 Bund frischer Koriander, klein geschnitten

10 Tomatillos, ohne Hülle und gewaschen

1 gehäufter Teelöffel (4 g) weiße Zwiebeln, fein gehackt

1 kleine Knoblauchzehe, fein gehackt

1½ Teelöffel (9 g) grobes Meer- oder Steinsalz

1 Tasse (240 ml) gefiltertes Wasser

Ich wohne in unmittelbarer Nähe eines italienischen Marktes und vieler Läden mit Kultcharakter. Wenn ich das Haus verlasse, komme ich an unzähligen Gemüseständen, drei Käsegeschäften und einem Haushaltswarenladen vorbei. Aber die wohl größte Versuchung ist die Tortilleria San Roman. Dort gibt es den ganzen Tag frische Tortillas und hausgemachte Salsas. Am liebsten mag ich die (nicht fermentierte) Salsa verde. Wir haben mittlerweile so viel davon gekauft, dass ich irgendwann beschloss, wir sollten selbst Tomatillos für eine fermentierte Version anbauen. Dieses Rezept ist das Ergebnis.

Ein halbes Bund Koriander in ein 0,5-Liter-Glas geben. Tomatillos, Zwiebeln und Knoblauch dazugeben. Das Salz in dem Wasser auflösen und die Lake über das Gemüse gießen. Den Deckel des Glases locker verschließen, damit das Kohlendioxid während der Fermentation entweichen kann.

Anschließend 7 bis 10 Tage fermentieren. Die Flüssigkeit abgießen und beiseitestellen. Den restlichen Koriander mit dem fermentierten Gemüse in der Küchenmaschine zu einer stückigen Salsa verarbeiten. Für eine flüssigere Sauce esslöffelweise (15 Milliliter) Fermentationsflüssigkeit dazugeben, bis die gewünschte Konsistenz erreicht ist. Sofort servieren oder im Kühlschrank aufbewahren.

Ergibt: 1 kleines Glas (450 Gramm)

Zutaten

Gewürznelken, Sternanis, Senfkörner, granulierte Zwiebeln etc. (wenn gewünscht, Menge nach Belieben)

4 Tassen (400 g) Chilischoten, ohne Stielansatz

5 Knoblauchzehen, geschält

1 Esslöffel (18 g) Salz

2 Tassen (480 ml) gefiltertes Wasser

SCHARFE CHILISAUCE

Früher konnte ich nicht viel mit Chilisauce anfangen, aber einmal auf den Geschmack gekommen, wollte ich schließlich immer mehr davon haben. Heute baue ich auf meinem Dachgarten viele verschiedene Chilisorten an oder kaufe sie kistenweise bei regionalen Bauern. Trotzdem haben mein Mann und ich unseren bunten Vorrat immer schon im Februar verputzt. Ersetzen Sie die Fresno- und Cayenne-Chilis, die mir am besten schmecken, einfach durch Ihre Lieblingssorten.

Die Gewürze in ein 0,5-Liter-Glas geben.

Die Chilischoten längs halbieren und entkernen.

Dann Chilischoten und Knoblauch so dicht wie möglich in das Glas schichten. Wenn die Chilis dabei etwas brechen, ist das völlig in Ordnung.

Das Salz in dem Wasser auflösen und die Lake über die Chilis gießen. Die Schoten mit einem Gewicht unter die Lake drücken (siehe Seite 23 ff.). Es sollte möglichst wenig Lake erforderlich sein, wenn Sie die Chilischoten dicht an dicht geschichtet haben. Das Glas abdecken.

Mindestens 2 Wochen stehen lassen. Die Fermentation kann eine Weile dauern. Da die Schärfe im Laufe der Zeit nachlässt, sollten Ansätze, die länger als 3 Monate fermentieren, anfangs etwas kräftiger sein als das gewünschte Endprodukt. Darüber hinaus kann die Lake stark eintrüben und es können sogar Flocken in der Flüssigkeit oder an der Oberfläche schwimmen. Das ist eine ganz normale Begleiterscheinung. Falls nötig, die Chilischoten vor dem Pürieren mit kaltem Wasser abbrausen.

Nach Abschluss der Fermentation die Flüssigkeit abgießen und aufbewahren. Chilischoten und Knoblauch ohne Gewürze in die Küchenmaschine geben und 2 bis 3 Minuten glatt pürieren.

Dann esslöffelweise (jeweils à 15 Milliliter) Fermentationsflüssigkeit dazugeben, bis die gewünschte Konsistenz erreicht ist. Für eine dünne Sauce wie Tabasco benötigen Sie die gesamte Flüssigkeit und für eine Sauce vom Typ Sriracha etwa ¼ bis ½ Tasse (60 bis 120 Milliliter).

Das Püree durch die Flotte Lotte oder ein engmaschiges Sieb drücken.

Die Sauce in eine saubere Flasche füllen und im Kühlschrank aufbewahren. Das übrig gebliebene Fruchtfleisch können Sie zu Chiliflocken (Seite 134) weiterverarbeiten.

Ergibt: 1 Flasche (500 Milliliter)

Zutaten

Püriergut von 2 Portionen Scharfe Chilisauce (Seite 133), möglichst trocken

FERMENTIERTE CHILIFLOCKEN

Bei der Herstellung von Chilisauce fallen immer Reste an, die Sie zu fermentierten Chiliflocken verarbeiten können. So müssen Sie nichts wegwerfen und haben noch lange etwas von der hoch aromatischen Schärfe. Erweitern Sie die Liste Ihrer geheimen Zutaten um eine Hausmischung aus knallroten Chiliflocken! Im Dörrautomaten bleiben bei einer Trockentemperatur von etwa 32 °C sogar die Probiotika erhalten. Sie können die Flocken aber auch auf niedrigster Temperatur im Backofen trocknen.

Den Ofen auf 90 °C vorheizen.

Ein Backblech mit Backpapier auslegen und das beim Durchpassieren der Chilis übrig gebliebene Püriergut dünn darauf verteilen. Mit einem Spatel so gleichmäßig wie möglich verstreichen. Je dünner die Schicht, desto schneller trocknet sie.

Die Paste bei etwa 32 °C im Dörrautomaten trocknen oder etwa 2 Stunden im Backofen dörren, bis sie vollständig trocken ist und sich in Stücke brechen lässt. Auskühlen lassen, mit sauberen Händen zerbröseln und in einen Streuer oder ein kleines Glas füllen. Die Chiliflocken in der Speisekammer oder im Kühlschrank aufbewahren.

Ergibt: 1 Tasse (230 Gramm)

FERMENTIERTE TOMATENSAUCE

Tomaten werden meist grün (also im unreifen Zustand) oder mit Starterkulturen vergoren, da sie bei der Fermentation sehr weich werden. Für dieses Rezept dürfen Sie aber superreife Sommertomaten verwenden. Da sie ohnehin püriert werden, spielt ihre Konsistenz keine Rolle. Bei der Fermentation entsteht ein unglaublich intensiver und reiner Tomatengeschmack. Er passt am besten zu Pasta oder kurz gebratenem Gemüse.

Zutaten

900 g reife Tomaten (am besten eine fleischige Sorte)

1 Esslöffel (20 g) grobes Tafelsalz

1 Knoblauchzehe, geschält und in große Stücke geschnitten

½ mittelgroße Zwiebel (60 g), in große Stücke geschnitten

¼ Tasse (10 g) Basilikumblätter

1 Teelöffel (2 g) getrockneter Oregano

1 Prise getrockneter Rosmarin (wenn gewünscht)

Die Tomaten in große Stücke schneiden. Harte Teile und Kerne entfernen. Am Ende sollten 4 Tassen (720 Gramm) Tomatenstücke übrig sein. In einer Schüssel mit dem Salz mischen.

Knoblauch und Zwiebeln in ein 1-Liter-Glas geben und die gesalzenen Tomaten hinzufügen. Das Glas sollte bis zum Schraubgewinde gefüllt sein. Mit einem Deckel locker verschließen, damit das Kohlendioxid bei der Fermentation entweichen kann.

Dann das Glas 4 Tage bei Zimmertemperatur an einem Ort ohne direkte Sonneneinstrahlung stehen lassen. Da sich mit der Zeit Flüssigkeit absetzt, 1- bis 2-mal täglich vorsichtig umrühren, damit an der Oberfläche keine Hefeschicht entsteht.

Die Tomaten nach 4 Tagen durch ein engmaschiges Sieb abgießen und auf Wunsch die Flüssigkeit in einer Schüssel auffangen. Sie kann im Kühlschrank aufbewahrt und für Suppen oder Schmorgerichte verwendet werden.

Das fermentierte Gemüse mit Basilikum, Oregano und Rosmarin im Mixer glatt pürieren. Die Sauce sofort servieren oder wieder in das Glas füllen. Sie ist im Kühlschrank mindestens 2 Wochen haltbar, wird aber zunehmend säuerlicher im Geschmack.

Ergibt: 3 Tassen (740 Gramm)

AUBERGINENCREME

Dieser fermentierte Aufstrich macht Gurkenscheiben zu rohköstlichen, veganen (ohne Fischsauce) und glutenfreien Köstlichkeiten. Für eine noch glattere Creme können Sie die Auberginen nach der Fermentation oder vor dem Pürieren schälen.

Zutaten

340 g Auberginen, ungeschält

2 Knoblauchzehen, geschält

2¼ Teelöffel (14 g) grobes Meer- oder Steinsalz

1½ Tassen (360 ml) gefiltertes Wasser

¼ Tasse (60 ml) Olivenöl

2 Esslöffel (30 g) Tahin (Sesammus)

1 Teelöffel (5 ml) frisch gepresster Zitronensaft

2 Teelöffel (10 ml) Fischsauce (wenn gewünscht)

Beide Enden der Auberginen entfernen. Dann die Auberginen längs halbieren und die Hälften in 1,5 Zentimeter dicke Scheiben schneiden. Diese kurz blanchieren, in Eiswasser abschrecken und trocken tupfen.

Die Knoblauchzehen in ein 1-Liter-Glas geben und die Auberginenscheiben darüberschichten.

Das Salz in dem Wasser auflösen und die Lake über das Gemüse gießen. Die Auberginen auf die bevorzugte Weise (siehe Seite 23 ff.) unter die Lake drücken und das Glas abdecken.

Das Gemüse 1 Woche stehen lassen.

Nach der Fermentation die Flüssigkeit abgießen. Sie kann zum Verfeinern anderer Gerichte weiterverwendet werden. Für eine glattere Creme die Auberginen schälen.

Auberginen, Knoblauch, Olivenöl, Tahin, Zitronensaft und Fischsauce im Mixer auf höchster Stufe cremig pürieren. Sofort servieren oder in einen luftdicht verschließbaren Behälter füllen. So bleibt die Creme im Kühlschrank maximal 10 Tage haltbar. Mit der Zeit kann sich die oberste Schicht durch Oxidation bräunlich verfärben. Sie lässt sich einfach entfernen und beeinträchtigt die Creme darunter nicht.

Ergibt: 1 gehäufte Tasse (240 Gramm)

THOUSAND-ISLAND-DRESSING

Das Reuben-Sandwich ist die Brotkreation mit den meisten fermentierten Zutaten. Zu dieser klassischen Komposition gehören traditionell Roggenbrotscheiben, Schweizer Käse, Sauerkraut und Corned Beef. Nur das Thousand-Island-Dressing fällt aus dem Rahmen, aber mit Sauergemüse aus eigener Herstellung kann das Dressing locker mit seinen fermentierten Konkurrenten mithalten! Eine besondere Note erhält das Dressing, wenn Sie es anstelle von Gurken mit Roten Beten, Kreuzkümmel und Basilikum (Seite 46) zubereiten.

Zutaten

¼ Tasse (60 g) Mayonnaise

2 Esslöffel (30 g) Ketchup

1 Esslöffel (10 g) Cocktailzwiebelringe (Seite 66), fein gehackt

2 Esslöffel (20 g) Klassische Dillgurken (Seite 68), fein gehackt

2 Brotscheiben der Wahl pro Sandwich

Alle Zutaten zu einer homogenen lachsfarbenen Creme verrühren und diese auf das Sandwich Ihrer Wahl streichen. Das Dressing ist im Kühlschrank einige Tage haltbar. Vor Gebrauch umrühren.

Ergibt: ½ Tasse (120 Gramm)

KÜRBISHUMMUS

Zutaten

1 kleiner Kürbis (450 g), z. B. Butternut-, Eichel-, Delicata- oder japanischer Kabocha-Kürbis

1½ Teelöffel (9 g) grobes Meer- oder Steinsalz

1 Tasse (240 ml) gefiltertes Wasser

¼ Tasse (60 ml) Olivenöl

¼ Tasse (60 ml) Kürbiskernöl *plus* 1½ Teelöffel zum Beträufeln (alternativ Walnuss- oder Haselnussöl)

2 Esslöffel (30 ml) Fermentationsflüssigkeit

2 Esslöffel (30 g) Tahin (Sesammus)

½ Tasse (110 g) geröstete Kürbiskerne

Als ich in der *CheU Noodle Bar,* einem meiner Lieblingsrestaurants in Philadelphia, zum ersten Mal eingelegten Kürbis aß, verriet mir sein vielschichtiger Geschmack, dass er fermentiert war. Chefkoch Ben Puchowitz erzählte mir schließlich, dass Kürbis bei der Fermentation nicht weich wird und er ihn schlicht in Salzlake einlegt. Ich habe es noch am gleichen Abend ausprobiert. Kürbis-Pickles sind sehr vielseitig und immer schnell aufgebraucht. Und dieser Dip ist meist noch schneller verputzt! Servieren Sie ihn mit Nuss-Crackern sowie rohen oder ofengebackenen Karotten.

Den Kürbis halbieren und die Kerne mit dem Löffel herauslösen. Die Hälften schälen und größere Schalenstücke aufbewahren. Dann das Kürbisfleisch in 2,5 Zentimeter große Würfel schneiden. Die Stücke in ein 1-Liter-Glas schichten und möglichst viele Schalenstücke an den Seiten hineinschieben. Verwenden Sie dafür jedoch nur große Stücke, da sie nach der Fermentation wieder entfernt werden müssen.

Das Salz in dem Wasser auflösen und die Lake über den Kürbis gießen. Den Kürbis auf die bevorzugte Weise (siehe Seite 23 ff.) unter die Lake drücken und das Glas abdecken.

Bei Zimmertemperatur 6 bis 14 Tage stehen lassen. Die Fermentationsflüssigkeit abgießen und 2 Esslöffel (30 Milliliter) davon zurückbehalten. Die Schalenstücke entfernen.

Dann Kürbis, Olivenöl, Kürbiskernöl und Fermentationsflüssigkeit in der Küchenmaschine auf höchster Stufe mindestens 3 bis 4 Minuten glatt pürieren. Falls nötig, die Maschine anhalten und den Inhalt mit einem Spatel von den Wänden lösen. Das Tahin dazugeben und 1 Minute einarbeiten.

Die Creme in eine Schüssel geben und mit dem Spatel glatt streichen. Mit dem restlichen Kürbiskernöl beträufeln und den Kürbiskernen bestreuen.

Ergibt: 1½ Tassen (360 Gramm)

KAPITEL 5

Kwass

Limonade ist meist zu süß. Bier und Wein haben zu viel Alkohol. Kaffee und Tee halten nächtelang wach. Wasser versorgt den Körper wunderbar mit Feuchtigkeit, ist aber für die Geschmacksnerven keine Offenbarung. Wie kann man seinen Durst auf angenehme Weise stillen? Mit Kwass! Diese Fermentationsgetränke erfüllen alle Anforderungen – vom hohen Vitamin- und Mineralstoffgehalt bis hin zum probiotischen Pep. Jede Gemüsesorte entwickelt ihren charakteristischen Geschmack. Die einen schmecken säuerlich frisch, die anderen leicht erdig und fast ein wenig muffig. In Flaschen abgefüllt fangen sie an zu prickeln – falls Sie spritzige Durstlöscher mögen.

Traditionell wird Kwass aus Roten Beten gemacht, aber auch aus jedem anderen fermentationsfreudigen Gemüse wird ein erstklassiges Kwass-Getränk. Setzen Sie jedoch nicht nur auf meine Rezepte, sondern experimentieren Sie nach Lust und Laune! Wie wär's mit Weiße-Rüben-Kwass mit Lebkuchengewürzen oder mit sommerlich frischem Mais-Kwass?

Tipps und hilfreiche Grundregeln

Die Prinzipien aus dem ersten Teil gelten auch für die folgenden Rezepte. Hier noch ein paar Tipps für die Herstellung fermentierter Getränke:

Eine Frage der Zeit

Jedes Rezept hat seinen eigenen Fermentationsablauf. Nach einer kürzeren Gärphase sind Geschmack und Säure meist weniger ausgeprägt. Falls Ihnen der Säuerungsgrad des Getränks bereits zu einem früheren Zeitpunkt zusagt, der Geschmack aber noch zu wünschen übrig lässt, stellen Sie das Glas noch mindestens 10 Tage in den Kühlschrank. Die kühle Umgebung schwächt die Fermentation ab. Das Getränk wird nicht viel saurer, nimmt aber dennoch den Geschmack des Gemüses und der Gewürze an.

Wie bei der Gemüsefermentation beeinflusst die Temperatur die Fermentationsdauer von Kwass-Getränken. Nehmen Sie bei wärmerer Witterung oder in wärmeren Räumen gleich zu Beginn, in kühlerer Umgebung erst gegen Ende des angegebenen Zeitfensters erste Geschmacksproben vor. Sie können die Fermentationszeit auch verlängern, sollten dann aber auf eine niedrige Umgebungstemperatur achten. Bei längeren Fermentationszeiten kann sich eine dünne weiße (nicht flaumige) Kahmhaut an der Oberfläche bilden. Sie ist harmlos. Akzeptieren Sie einfach, dass sie dazugehört, und schöpfen Sie sie ab.

Je größer, desto besser

Am besten gelingen die probiotischen Gemüsedrinks in Gärtöpfen mit Wasserrinne oder in 2-Liter-Schraubdeckelgläsern. Gläser in dieser Größe sind in der Regel in gut sortierten Fachgeschäften für Küchenbedarf oder in der Haushaltswarenabteilung von Kaufhäusern erhältlich.

Auch großvolumige Einmachgläser mit Bügelverschluss sind eine gute Wahl (allerdings nur unter Vorbehalt, siehe „Eine wahre Geschmacksbombe!", Seite 149) und selbst die guten alten Gurkengläser sind der Aufgabe bestens gewachsen. Sie müssen vor Gebrauch nur gründlich gewaschen werden.

Auf die Optik kommt es an

Einige Getränke haben herrlich leuchtende Farben, andere hingegen sehen eher blass und trübe aus. Lassen Sie sich von diesen Eintrübungen nicht aus der Ruhe bringen, sie gehören zum Fermentationsprozess. Falls Sie farblich etwas nachhelfen möchten, können Sie ein paar Rote-Bete-Stücke oder Radieschenscheiben dazugeben. Sie sorgen in jedem Kwass für eine wahre Farbexplosion.

Die Luft muss raus

Bei der Fermentation von Gemüse entsteht Kohlendioxid, und auch bei der Kwass-Herstellung ist es besonders wichtig, dass das Gas entweichen kann. Falls Sie einen Deckel mit Gärröhrchen besitzen, ist dies Ihre Chance. Falls nicht, schließen Sie den Deckel so, dass die Außenluft schlecht ein-, aber das Kohlendioxid problemlos ausströmen kann. Fest verschlossene Gefäße können explodieren oder unschöne Kwass-Spritzer hinterlassen, und beides ist natürlich nicht wünschenswert. Ich fülle die Gläser stets nur bis etwa 5 Zentimeter unter den Rand, aber wie der Beitrag „Fragen an den Kwass-Profi" (Seite 145) zeigt, geht es auch anders.

Was das Wort „Kwass" bedeutet

Kwass ist eigentlich nicht die richtige Bezeichnung für diese Gärgetränke, denn in vielen Sprachen bedeutet das Wort „Hefe" und in Wirklichkeit sind hauptsächlich Bakterien für die Fermentation verantwortlich. Der Begriff passt am ehesten zu dem bierähnlichen russischen Brot-Kwass, der tatsächlich durch Hefegärung entsteht.

Obwohl die beliebte Bezeichnung nicht ganz korrekt ist, passt sie aber andererseits doch recht gut, da sich auf diesen Gemüsegetränken häufig die bereits erwähnte Hefeschicht (Kahmhaut) bildet. Sie ist völlig harmlos und vereinzelte Flocken können einfach abgeschöpft werden. Damit sie gar nicht erst entsteht, schwenke ich das Fermentationsglas jeden Tag einmal. Ich schüttle es nicht, sondern lasse die Flüssigkeit sanft im Glas kreisen, damit sich nichts an der Oberfläche absetzen kann. Sollte es dennoch passieren, schöpfe ich die Schicht einfach ab. In den wärmeren Monaten, bei süßeren Gemüsesorten (wie Roten Beten und Karotten) und einer längeren Fermentationsdauer ist das Hefewachstum stärker. Auch ein Gäraufsatz (siehe Bezugsquellen, Seite 205) kann die Bildung der Kahmhaut nicht verhindern, und ich empfehle Ihnen, das Glas trotzdem täglich zu schwenken.

Zudem lege ich manchmal ein Kohl- oder Blattkohlblatt auf die Flüssigkeit. Es dient als natürliche Barriere und hält aufsteigende Gemüsestücke oder Gewürze in der Lake. Eine weitere Meinung zur Kahmschicht finden Sie in dem Beitrag „Fragen an den Kwass-Profi" (Seite 145).

ROTE-BETE-KWASS

Das ist mein Standardrezept für Rote-Bete-Kwass. Ich habe das ganze Jahr über einen kleinen Vorrat davon und beim Neuansatz nehme ich anstelle von Basilikum Kräuter der Saison. Sogar mein Mann trinkt es täglich. Er behauptet, es lindere sein Sodbrennen. Am besten aber gefällt mir die satte tiefrote Farbe. Rote-Bete-Kwass ist perfekt für Halloween und für Fans von gruseligen Vampir-Geschichten.

Zutaten

3 große Rote Bete (1,5 kg)

1 Stück (3 cm) frische Ingwerwurzel, gerieben

1 Tasse (25 g) Basilikumzweige

3 l gefiltertes Wasser

1–2 Teelöffel (6–12 g) feines Tafelsalz (wenn gewünscht)

Das Rübengrün entfernen und die Roten Beten waschen. Unansehnliche Wurzelteile und weiche Stellen wegschneiden und die Roten Beten achteln.

Dann Rote Bete, Ingwer und Basilikum in ein 4-Liter-Glas geben. Mit dem Wasser auffüllen. Einen Deckel mit Gärröhrchen aufsetzen oder den Deckel locker schließen, damit das Kohlendioxid entweichen kann.

Bei Zimmertemperatur 6 bis 10 Tage stehen lassen. Rote-Bete-Kwass in ein sauberes Glas abseihen und gekühlt genießen.

Ergibt: 3 Liter

SONNENKRÄUTER-KWASS

Urbane Gärtner brauchen oft eine kreative Ader, doch Kräuter machen ihnen das Gärtnerleben leicht. Ich baue auf meinem Dachgarten möglichst viele Sorten an, weil sie für den guten Geschmack von Mahlzeiten entscheidend und zudem so kostengünstig sind. Im Hochsommer setze ich einige Bottiche von diesem Kräuter-Kwass an, um mich in winterlichen Nächten daran zu erinnern, dass es auch wieder Sommer wird.

Zutaten

1 Bund glatte Petersilie

1 Bund Koriander

1 Bund Basilikum

½ Teelöffel (2 g) Meersalz

3,5 l gefiltertes Wasser

Von den Kräutern alle gelben oder braunen Blätter sorgfältig entfernen.

Dann die Kräuter waschen und bundweise mit dem Salz in ein 4-Liter-Glas geben. Das Glas bis 5 Zentimeter unter oder bis unmittelbar an den Rand mit Wasser füllen und in eine Schüssel stellen.

Das Glas abdecken und darauf achten, dass das Kohlendioxid entweichen kann. Bei Zimmertemperatur 5 bis 6 Tage stehen lassen. Das Getränk in ein sauberes Glas abseihen und gekühlt genießen.

Ergibt: 3,5 Liter

Fragen an den Kwass-Profi

Die Firma *Food and Ferments* von Carly und Dave Dougherty hat ihren Sitz im Bundesstaat Philadelphia. Seit 2014 betreiben sie zudem im Bundesstaat New York eine Fermentationsfarm. Food and Ferments ist bekannt für innovative Kombucha- und Sauerkrautkreationen und ihr Rote-Bete-Kwass hat an der gesamten amerikanischen Ostküste zahlreiche Fans. Bei der kommerziellen Herstellung verhindert eine spezielle Ausrüstung, dass sich auf dem zum Verkauf bestimmten Kwass eine Kahmhaut bildet. Doch wenn die beiden Profis zu Hause fermentieren, ist ihnen Hefebildung nicht fremd. Hier Carlys beste Tipps für den perfekten Kwass:

So lässt sich Kahmhaut auf dem Rote-Bete-Kwass vermeiden:

- **Füllen Sie das Glas bis zum Rand.** Die Flüssigkeit sollte bis zum Deckel reichen. Stellen Sie das Glas auf einen Teller oder in eine Schüssel. Es kann zwar während der Gärung überlaufen, aber im Vergleich zu dem Geschmacksverlust, den eine Kahmhaut mit sich bringen kann, ist es das kleinere Übel.
- **Verwenden Sie einen Gäraufsatz.** Damit das bei der Fermentation von Kwass entstehende Kohlendioxid entweichen kann, brauchen Sie einen Gäraufsatz (siehe Bezugsquellen, Seite 205). Je weniger Luft im Glas ist, desto geringer ist zudem die Wahrscheinlichkeit, dass eine Kahmschicht entsteht. Sinkt der Kwass-Spiegel, können Sie einfach mit Wasser auffüllen, bis der Kontakt zum Deckel wieder hergestellt ist. In den ersten Tagen ist die Aktivität im Glas am stärksten und der Kwass kann sogar bis ins Gärröhrchen steigen. Aber keine Sorge! Nach etwa 4 Tagen hat sich das Blubbern beruhigt und Sie können das Gärröhrchen mit frischem Wasser füllen – oder besser mit Wodka, um unerwünschte bakterielle Verunreinigungen zu verhindern.

So brauen Sie erfolgreich Rote-Bete-Kwass:

- **Peppen Sie den Geschmack auf.** Viele Kwass-Rezepte beschränken sich auf Rote Bete, Salz, Wasser und etwas Molke. Aber mit Kräutern und Gewürzen schmeckt er noch besser! Würzige Wurzeln und scharfe Schoten machen den Kwass herzhaft und erfrischend. Ingwer, Knoblauch, Meerrettich sowie Jalapeñoschoten sind besonders geeignet.
- **Lassen Sie sich Zeit.** Je länger die Fermentation dauert, desto aromatischer und säuerlicher wird der Kwass. Carly und Dave lassen ihn 3 bis 4 Wochen gären. Vielleicht steht er deshalb bei ihren Kunden so hoch im Kurs.

Ein letzter Gedanke

Eine Kahmhaut auf dem Kwass ist nicht schlimm. Wenn Sie alle sichtbaren Spuren abschöpfen, können Sie sich später das fertige Getränk bedenkenlos munden lassen.

‹ WINTERKRÄUTER-KWASS

In der Skisaison wirkt die menschenleere Schweizer Stadt Genf oft wie die Kulisse eines Italowesterns, denn sobald es in den nahen Alpen schneit, verschwinden die Genfer mit ihren Skiern und Snowboards in die Berge. Ich friere nicht gern und falle auch nicht gern auf den Po. Als ich in Genf lebte, habe ich meine Freunde deshalb nur begleitet. Sie liefen Ski, ich aber wanderte zwischen schneebedeckten Nadelbäumen umher und genoss die Wintersonne. Jeder holzig-krautige Schluck von diesem Kwass erinnert mich an meine Spaziergänge auf den kühlen winterlichen Hängen.

Zutaten

1 großes Radieschen, gedrittelt

1 großes Bund (60 g) Thymian

1 großes Bund (60 g) Rosmarin

1 großes Bund (60 g) Salbei

¼ Teelöffel (1 g) Meersalz

3 l gefiltertes Wasser

Radieschen, Kräuter und Salz in ein 4-Liter-Glas geben. Das Glas bis 5 Zentimeter unter oder unmittelbar an den Rand mit Wasser füllen und die gesamte Gärzeit über in eine Schüssel stellen.

Das Glas abdecken und darauf achten, dass Kohlendioxid entweichen kann. Bei Zimmertemperatur 5 bis 7 Tage stehen lassen. Anschließend das Getränk in ein sauberes Glas abseihen und gekühlt genießen. Dieser Kwass kann auch länger als 7 Tage vergoren werden, dann bekommt er jedoch einen sehr holzigen Geschmack.

Ergibt: 3 Liter

GIN TONIC RUSTIKAL

Wenn mein Winterkräuter-Kwass zu lange gärt und der erdige Geschmack des Waldes so stark geworden ist, dass er pur kein Genuss mehr ist, greife ich zum Gin. Ich bin immer dankbar, wenn ich Gäste mit geheimen Kreationen beeindrucken kann. Und bei diesem Longdrink werden sie sich zweifellos fragen, warum der Gin Tonic bei Ihnen am besten schmeckt.

Zutaten

¼ Tasse (60 ml) Gin

2 Esslöffel (30 ml) Winterkräuter-Kwass

⅓ Tasse (80 ml) Tonic Water

Eiswürfel (Menge nach Wunsch)

1 Limettenspirale

Gin und Kwass in ein schmales, mit Eiswürfeln gefülltes Longdrinkglas geben. Mit Tonic Water aufgießen und mit der Limettenspirale dekorieren.

Ergibt: 1 Cocktail

RINGELBETE-KWASS

Ich setze gern Kwass mit Ringelbeten (Tonda di Chioggia) an. Sie sorgen dafür, dass der Kwass am Ende fast neonfarben ist. Es freut mich, dass für intensiv pinkfarbene Getränke nicht einmal künstliche Lebensmittelfarben und oder andere ungesunde Verarbeitungsmethoden erforderlich sind. Dieser Kwass ist rein biologisch hergestellt, gesund und trotzdem bunt! Wenn Sie keine Ringelbete auftreiben können, mit Roten oder Gelben Beten schmeckt der Kwass ebenso köstlich.

Zutaten

4 große Ringelbete der Sorte „Tonda di Chioggia" (1,8 kg)

2 Bio-Zitronen, geviertelt

1 Stück (10 cm) frische Ingwerwurzel, ungeschält und in Stücke geschnitten

1 Esslöffel (5 g) Koriandersamen

4 Lorbeerblätter

2 Pimentkörner

4 Wacholderbeeren

1 Teelöffel (6 g) feines Tafelsalz (wenn gewünscht)

2,1 l gefiltertes Wasser

Das Rübengrün entfernen und die Ringelbeten waschen. Unansehnliche Wurzelteile sowie weiche Stellen wegschneiden und die Ringelbeten achteln. Dann die Zitronen waschen und vierteln. Ingwerwurzel, Koriandersamen, Lorbeerblätter, Pimentkörner, Wacholderbeeren und Salz in ein 4-Liter-Glas geben. Ringelbeten- und Zitronenstücke hinzufügen und das Glas bis 5 Zentimeter unter den Rand mit Wasser auffüllen. Abdecken und darauf achten, dass das Kohlendioxid entweichen kann. Bei Zimmertemperatur 7 bis 10 Tage stehen lassen. Das Getränk in ein sauberes Glas abseihen und gekühlt genießen.

Ergibt: 9 Tassen (2,2 Liter)

EXTRA-TIPP

Sie können das Gemüse und die Gewürze auch ein zweites Mal ansetzen. Der zweite Ansatz schmeckt vollkommen anders, ist farblich weniger intensiv und schon nach 3 Fermentationstagen fertig.

Eine wahre Geschmacksbombe!

Ich verwende gern Gläser mit Bügelverschluss. Sie haben 4 oder 5 Liter Fassungsvermögen und widerstehen Kahmhefen besser als Schraubdeckelgläser. Trotzdem sollte man Vorsicht walten lassen. Bei der Kwass-Herstellung sind Explosionen zwar selten, da es nicht so stark prickelt wie Getränke, die mittels Hefegärung entstehen. Aber auch luftdicht verschlossene Kwass-Gläser können platzen, wenn bei der Gärung durch das Kohlendioxid zu viel Druck entsteht. Falls Sie solche Gläser verwenden möchten, sollten Sie sich dieses Risikos bewusst sein und Vorsichtsmaßnahmen ergreifen. Meine Tricks:

- Füllen Sie ein Glas mit Bügelverschluss nie bis zum Rand! (Auf einen hauseigenen Kwass-Sprinkler verzichten Sie sicherlich gern.)
- „Lüften“ (also öffnen) Sie die Gläser alle paar Tage.
- Lassen Sie das Getränk nach einer Fermentationszeit von 3 bis 5 Tagen noch 1 bis 2 Wochen im Kühlschrank weitergären.
- Stellen Sie das Glas in eine Kühlbox oder in zwei Papiertüten und diese wiederum in eine Plastiktüte.

SALAT-KWASS

Die Teilnehmer meiner Fermentationskurse fragen mich oft, ob man irgendein Gemüse nicht vergären kann. Meist verweise ich dann auf den Salat-Kwass, den ich in dem Buch *Die Kunst des Fermentierens* von Sandor Ellix Katz entdeckt habe. Er beweist, dass man mit etwas Experimentierfreude fast alles fermentieren kann. Salat vergärt nicht besonders lebhaft, deshalb wird dieser säuerliche Schluck erst durch die Zugabe von reichlich Kräutern und Gewürzen zum aromatischen Erfolg.

Zutaten

1 Eisbergsalat, geviertelt

1 Schalotte (15 g), geschält und halbiert

1 großes Bund Dill, ohne Stiele

4 Wacholderbeeren

1 Teelöffel (4 g) Senfkörner

1 Teelöffel (2 g) Pfefferkörner

½ Bund (15 g) frische Minze

2 l gefiltertes Wasser

1–2 Teelöffel (6–12 g) feines Tafelsalz (wenn gewünscht)

Der Eisbergsalat sollte frisch sein und keine weichen, braunen oder rötlichen Stellen haben.

Erst die Gewürze, dann die Salatviertel in ein 4-Liter-Glas geben. Das Glas bis 5 Zentimeter unter den Rand mit gefiltertem Wasser auffüllen, abdecken und dabei sicherstellen, dass das Kohlendioxid entweichen kann.

Bei Zimmertemperatur 5 bis 8 Tage stehen lassen. Wenn der Salat braun wird, ist der Salat-Kwass fertig!

Das Getränk in ein sauberes Glas abseihen und gekühlt genießen.

Ergibt: 2 Liter

ROTKOHL-KWASS

Ich möchte Ihnen dringend ans Herz legen, den Saft zu trinken, der nach dem Verzehr von Frischsauerkraut im Glas zurückbleibt. Mit diesem Kwass bekommen Sie den gesunden Saft ohne Umwege! Als Inspiration dafür diente mein osteuropäischer Lieblingssupermarkt in Philadelphia. Dort gibt es eine Theke mit einer großartigen Auswahl Pickles und frischem Sauerkrautsaft. Für mehr Pfiff können Sie 3 oder 4 Chilischoten zu dem Ansatz geben.

Zutaten

½ Rotkohl (560 g)

½ kleine rote Zwiebel (50 g), geschält und halbiert

2 Knoblauchzehen, geschält und halbiert

2 Esslöffel (14 g) Kümmelsamen

3,5 l gefiltertes Wasser

1–2 Teelöffel (6–12 g) feines Tafelsalz

Den Rotkohl vierteln.

Zwiebel, Knoblauch und Kümmel in ein 4-Liter-Glas geben und die Rotkohlviertel darüberschichten.

Das Glas bis 5 Zentimeter unter den Rand mit gefiltertem Wasser auffüllen und zur Fermentation in eine Schüssel stellen.

Dann das Glas abdecken und sicherstellen, dass das Kohlendioxid entweichen kann. Bei Zimmertemperatur 5 bis 10 Tage stehen lassen.

Das Getränk in ein sauberes Glas abseihen und gekühlt genießen.

Ergibt: 3,5 Liter

STANGENSELLERIE-KWASS

Mein Mann trinkt gern Kwass, und von allen fermentierten Gemüsegetränken ist dies sein Favorit. Genießen Sie einen Kwass, der die frischen grünen Aromen des Stangenselleries einfängt, ohne bitter zu sein. Mit Eiswürfeln und einem Thymianzweig in einem Longdrinkglas serviert, wird ein alkoholfreier Cocktail daraus.

Zutaten

1 Bund (560 g) Stangensellerie

3 Zweige (jeweils 5 cm) Thymian

½ Teelöffel (1 g) Selleriesamen

2 Lorbeerblätter

1 Teelöffel (2 g) Pfefferkörner

1 Stängel Zitronengras, halbiert, nur den inneren hellen Teil verwenden

¼ Teelöffel Cayennepfeffer

3 l gefiltertes Wasser

1–2 Teelöffel (6–12 g) feines Tafelsalz (wenn gewünscht)

Den Stangensellerie gründlich waschen und von Erdresten befreien. Die Enden abschneiden, aber die Blätter an den Stängeln lassen. Die Stängel dritteln.

Zuerst die Gewürze, dann den Stangensellerie in ein 4-Liter-Glas geben. Das Glas 5 bis 2,5 Zentimeter unter oder unmittelbar an den Rand mit gefiltertem Wasser füllen und zur Fermentation in eine Schüssel stellen.

Dann das Glas abdecken und sicherstellen, dass das Kohlendioxid entweichen kann. Bei Zimmertemperatur 5 bis 9 Tage stehen lassen.

Das Getränk in ein sauberes Glas abseihen und gekühlt genießen.

Ergibt: 3 Liter

GURKEN-FENCHEL-KWASS

Fermentierte Gemüsegetränke sind bei den feinen Damen der High Society vielleicht nicht gerade die erste Wahl. Doch bei dieser Mischung dürften sogar die elegantesten und wählerischsten unter ihnen in Versuchung geraten! Das Aroma von Fenchel dominiert und wird von frischen Gurkennoten abgerundet. Ich würde diese köstliche Erfrischung jederzeit bei einer sommerlichen Teegesellschaft servieren.

Zutaten

1 große Salatgurke, beide Enden entfernt

1 Fenchelknolle, mit Grün

abgeriebene Schale von ½ Bio-Orange, ohne die weiße Schicht

3 l gefiltertes Wasser

1 Teelöffel (6 g) feines Tafelsalz (wenn gewünscht)

Die Gurke in 2,5 Zentimeter dicke Scheiben schneiden. Den Fenchel in große Stücke schneiden, dabei die Stängel mit dem Grün von der Knolle abtrennen. Die Orange schälen. Die Streifen sollten so lang und vor allem so dünn wie möglich sein, da die weiße Schicht unter der Schale einen unangenehm bitteren Nachgeschmack hat. Anschließend Gurken- und Fenchelstücke sowie die Orangenschale in ein 4-Liter-Glas geben. Das Glas bis 5 Zentimeter unter oder unmittelbar an den Rand mit gefiltertem Wasser füllen und zur Fermentation in eine Schüssel stellen. Abdecken und sicherstellen, dass das Kohlendioxid entweichen kann. Bei Zimmertemperatur 5 bis 10 Tage stehen lassen.

Sobald Säure und Aroma die gewünschte Intensität erreicht haben, das Getränk in ein sauberes Glas abseihen und gekühlt genießen.

Ergibt: 3 Liter

MAROKKANISCHER MÖHREN-KWASS

Zutaten

15 violette Karotten (900 g)

3 Sternanise

2 Zimtstangen

1 Stück (7 cm) frische Ingwerwurzel, in 5 mm dicke Scheiben geschnitten

1 Esslöffel (6 g) Kreuzkümmelsamen

1 Teelöffel (2 g) Pfefferkörner

10 ungebleichte Rosinen

abgeriebene Schale von 1 kleinen Bio-Zitrone, ohne die weiße Schicht

abgeriebene Schale von 1 kleinen Bio-Limette, ohne die weiße Schicht

abgeriebene Schale von ½ Bio-Orange, ohne die weiße Schicht

2,6 l gefiltertes Wasser

1–2 Teelöffel (6–12 g) feines Tafelsalz

Früher sparte ich das Geld, das ich beim Babysitten verdiente, und bearbeitete meine Eltern, damit ich die Sommerferien an der südfranzösischen Atlantikküste verbringen durfte. Als ich zum ersten Mal mit meiner französischen Gastfamilie marokkanisch Essen ging, war ich von der perfekten Harmonie aus süß und herzhaft fasziniert. Seitdem verwende ich die Gewürze der marokkanischen Küche mit Begeisterung. Violette Möhren verleihen diesem Kwass das pinkfarbene Rot eines marokkanischen Sonnenuntergangs, aber geschmacklich können auch orangefarbene Sorten bestens mithalten.

Die Karotten putzen und in 5 Zentimeter lange Stücke schneiden.

Sternanis, Zimt, Ingwer, Kreuzkümmel, Pfefferkörner, Rosinen und Zitrusschalen in ein 4-Liter-Glas geben und die Karotten darüberschichten. Das Glas bis 5 Zentimeter unter oder unmittelbar an den Rand mit gefiltertem Wasser füllen und zur Fermentation in eine Schüssel stellen.

Dann das Glas abdecken und sicherstellen, dass das Kohlendioxid entweichen kann. Bei Zimmertemperatur 5 bis 14 Tage stehen lassen.

Sobald Säure und Aroma die gewünschte Intensität erreicht haben, das Getränk in ein sauberes Glas abseihen und gekühlt genießen.

Ergibt: 11 Tassen (2,6 Liter)

TEIL

III

Weitere Methoden der Gemüsefermentation

Erinnern Sie sich an die Regeln aus dem ersten Teil? In dem nun folgenden Abschnitt können Sie hier und da ganz entspannt darüber hinwegsehen. In den letzten Kapiteln haben Sie sich im Hinblick auf Salzgehalt, ungeschältes Gemüse, Luftabschluss und Fermentationsmengen an wichtige Grundsätze gehalten. Diese Prinzipien gelten jedoch nicht für alle der folgenden Rezepte und Fermentationstechniken. Sind Sie bereit für einen kleinen Einblick in die weite Welt der Fermentation, die nicht nur aus Salz und Gemüse besteht?

1
U.S.A.
3
U.S.A.

KAPITEL 6

Fermentieren im Gärtopf

Stolze Besitzer eines Gärtopfes können auch größere Ernten zu gesundem Gärgemüse verarbeiten (oder auf dem Bauernmarkt ganze Steigen Gemüse günstig erwerben). Die Grundprinzipien der Fermentation gelten sowohl für die Verarbeitung im Glas als auch im Gärtopf. Aber der Gärtopf mit seinem großen Volumen bietet Ihnen einzigartige Möglichkeiten, stellt Sie jedoch auch vor neue Herausforderungen.

Tipps und hilfreiche Grundregeln

Die im ersten Teil beschriebenen Grundlagen der Fermentation gelten auch für die nachfolgenden Rezepte. Darüber hinaus sollten Sie aber weitere Punkte beachten:

Wählen Sie den richtigen Gärtopf

Es gibt im Wesentlichen zwei Arten von keramischen Gärtöpfen. Beide haben Vor- und Nachteile, die Sie vor dem Kauf bedenken sollten.

Gärtopf mit Wasserrinne

Ein Gärtopf mit Wasserrinne (siehe Bezugsquellen, Seite 205), auch „Sauerkrauttopf" genannt, erleichtert die Fermentation erheblich. Er ist in der Regel etwas kostspieliger als ein Modell ohne Wasserrinne. Dafür werden neben dem Deckel meist auch die Beschwerungssteine mitgeliefert, die für einen perfekten Luftabschluss sorgen. Sobald die Wasserrinne gefüllt ist, dringt keine Luft mehr in den Topf und das bei der Gärung entstehende Kohlendioxid kann mühelos entweichen. Im Gärtopf bildet sich zudem selten eine Kahmhaut. Je nach Größe kann sich allerdings die Reinigung schwierig gestalten.

Zielgruppe: Personen mit einer unüberwindbaren Furcht vor Schimmel- und Hefebildung, die sich nicht weiter um den Ansatz kümmern möchten und ihre Lieblingsgemüsesorten in größeren Mengen herstellen möchten. Die perfekte Wahl für Sauerkraut nach dem Grundrezept (Seite 76) oder klassische Saure Gurken (Seite 162).

Tipp: Überprüfen Sie einmal wöchentlich, ob genügend Wasser in der Rinne ist. Ist der Spiegel niedrig, füllen Sie mit frischem Wasser auf. Wenn die Rinne ganz austrocknet, ist der Topf nicht mehr dicht und es gelangt Luft an das Gärgut. Da auch beim Öffnen Luft in den Topf kommt, sollten Sie bei Gärtöpfen mit Wasserrinne das Ende der angegebenen Fermentationszeit abwarten, bevor Sie den Deckel öffnen.

Offener Gärtopf

Ein großer Steinguttopf mit schadstofffreier Glasur (siehe Bezugsquellen, Seite 205) ist ebenso für die Herstellung von milchsauer vergorenem Gemüse geeignet. Er ist kostengünstiger als ein Gärtopf mit Wasserrinne. Seine breite Zylinderform erleichtert das Einschichten und Verdichten von größeren Stücken und ganzem Gemüse. Gewichte und ein passender Deckel müssen aber oft separat gekauft werden und können dadurch die Kosten in die Höhe treiben. Lässt man einen offenen Gärtopf jedoch ohne passenden Deckel stehen, ohne sich weiter darum zu kümmern, bildet sich schnell eine Kahmhaut. Diese harmlose Hefeschicht entsteht, wenn ein Ansatz der Luft ausgesetzt ist. Je nach Größe ist der Topf leicht zu reinigen, da er überall den gleichen Durchmesser hat.

Zielgruppe: Besitzer großer Gemüsegärten und Landwirte. Perfekt für im Ganzen eingelegtes Gemüse, also für Rezepte wie Saure Rotkrauthälften (Seite 174) und Kimchi aus dem Gärtopf (Seite 170).

Tipp: Um das Wachstum von Hefen zu vermeiden, sollten Sie vor allem größere Stücke und ganzes Gemüse eher in der kälteren Jahreszeit im offenen Gärtopf ansetzen. Bei normalen bis kühlen Temperaturen empfiehlt es sich, den Topf in Abständen von wenigen Tagen zu kontrollieren und oberflächliche Kahmhefen abzuschöpfen. Sie sind harmlos, aber eine allzu dicke Schicht verändert den Geschmack und möglicherweise auch den Säuregehalt des Ansatzes, was problematisch werden kann. Doch nicht einmal echter Schimmel ist (sofern es nicht gerade die farbenfrohen Varianten sind) ein zwingender Grund, das Gemüse zu entsorgen. Entfernen Sie ihn, schöpfen Sie etwas Lake oder Gemüse aus den Tiefen des Topfes und prüfen Sie den Säuregehalt mit einem pH-Teststreifen. Bei einem Messergebnis unter 4,0 können Sie das Gärgemüse bedenkenlos verzehren, wenn es gut schmeckt!

Wiegen Sie das Salz ab

Wenn Sie im Gärtopf fermentieren, sollten Sie die Salzmenge genau abwiegen.

Bei der Fermentation im Glas genügt es, das Salz mit dem Messlöffel abzumessen. Dabei können sich Abweichungen von 1 bis 3 Gramm ergeben. Beim Gärtopf ist das Volumen größer und schon „kleine" Ungenauigkeiten beim Messen und Unterschiede durch die Verwendung anderer Salzsorten fallen deutlich stärker ins Gewicht. Bei kleinen Gemüsemengen ist es kein allzu großer Verlust, wenn der Salzgehalt im 0,5-Liter-Glas zu hoch oder zu niedrig und das Sauergemüse zu salzig oder zu weich ist. Haben Sie dagegen 20 Kilogramm Weißkohl im Gärtopf angesetzt, dürften Sie deutlich saurer sein, wenn nichts daraus wird.

Falls Sie einen Gärtopf anschaffen möchten, kann es sich also durchaus lohnen, auch noch eine digitale Küchenwaage zu kaufen, die aufs Gramm genau wiegt. Wer jedoch viel Erfahrung mit fermentiertem Gemüse hat und sich beim Salzen auf seine Intuition und seinen Geschmack verlässt, kann diese Praxis gern beibehalten.

Beschweren Sie mit Gewichten

Bei der Fermentation im Gär- oder Steinguttopf sind schwere Gewichte von großem Nutzen. Setzen Sie bei Haushaltsgegenständen oder selbst gebastelten Gewichten aber auf säurebeständige, lebensmittelechte Materialien, die weder schimmeln noch quellen. Verzichten Sie auf Holz und Metall und achten Sie darauf, dass das Gewicht problemlos durch die Öffnung des Gärtopfes passt. Während der Fermentation kommt Bewegung in den Topf und ein zu großes Gewicht könnte den Topf beschädigen.

Tannin (Gerbsäure)

Bei Sauergemüse, das schnell zusammenfällt oder weich wird, kann die Zugabe von gerbsäurehaltigen Lebensmitteln darüber entscheiden, ob es knackig bleibt oder irgendwann schlapp macht. Es gibt mehrere unbedenkliche Möglichkeiten, um mit Tannin für mehr Bissfestigkeit zu sorgen:

- **Hagebutten.** Die Früchte der Rose enthalten viel Vitamin C, aber auch Tannin. Da sie den Ansatz jedoch recht bitter machen, sollte man sie als letzte Chance betrachten oder nur dazugeben, wenn der bittere Geschmack eine aromatische Bereicherung bringt.
- **Himbeer-, Brombeer- oder Erdbeerblätter.** Himbeerblätter eignen sich meiner Erfahrung nach am besten. Sie sind aber schwer aufzutreiben, falls Sie keine eigenen Himbeersträucher haben.
- **Hopfendolden.** Hopfen macht das Gemüse ein wenig bitter und erhält seinen Biss.
- **Rotwein.** Kleine Mengen Rotwein sind gut, größere hingegen weniger geeignet, da sich der Alkohol negativ auf die Milchsäurebakterien auswirken kann. Ich habe mit einem Verhältnis von maximal 1 Esslöffel (15 Milliliter) Wein auf einen halben Liter Sauergemüse die besten Erfahrungen gemacht.
- **Tee.** Schwarzer Tee erhält den knackigen Biss des Sauergemüses am besten, hat jedoch den stärksten Eigengeschmack. Das kann durchaus von Vorteil sein, Sie sollten sich dennoch vorher überlegen, ob er zu dem Rezept passt.
- **Weinblätter.** Sie sind mein bevorzugter Tanninlieferant, da sie in vielen Lebensmittelgeschäften erhältlich sind und weder Aroma- noch Bitterstoffe abgeben. Weinblätter eignen sich gut, um Gemüse knackfrisch zu halten. Legen Sie gesalzene Weinblätter vor der Verwendung zunächst kurz in zimmerwarmes Wasser.

Vom Topf ins Glas

Ist die Fermentation zu Ende, kann der Spaß – und damit das Essen – beginnen! Wenn Sie in einem Zwei- bis Vierpersonenhaushalt leben, werden Sie es jedoch kaum schaffen, den Inhalt eines Gärtopfes in ein paar Tagen zu verputzen, selbst wenn alle Anwesenden gern Sauerkraut, eingelegte Zwiebeln oder Kimchi essen. In diesem Fall haben Sie mehrere Möglichkeiten:

- **Ab in den Keller.** Leider haben viele Menschen heutzutage keinen Keller zur Verfügung, erst recht keinen Erdkeller. Und selbst die wenigen Glücklichen könnten Gärtöpfe als unhandlich und den Transport eines vollen Gärtopfes als allzu schwere Last empfinden. Der Umzug klappt am besten mit den kleinen Modellen. Da der Inhalt eines offenen Gärtopfes zudem den muffigen Kellergeruch annehmen kann, sind Modelle mit Wasserrinne besser geeignet. Sobald der Topf kühl steht, können Sie kleinere Mengen entnehmen und bis zum Verzehr in einem Glas im Kühlschrank aufbewahren. Falls die Temperatur in Ihrem Keller unter 15,6 °C bleibt, sollten Sie eine lange Fermentation in einem großen Gärtopf in Betracht ziehen, der die ganze Zeit über dort bleibt.
- **Der Umzug ins Glas.** Es ist eine gute Idee, das Gärgut in ein Glas zu füllen und im Kühlschrank zu lagern – vorausgesetzt, er ist groß genug. Füllen Sie in Lake eingelegtes Gemüse mit der Gabel oder dem Schaumlöffel in große Gläser und gießen Sie mit der Schöpfkelle so viel Flüssigkeit auf, dass es damit bedeckt ist. Verschließen Sie dann die Gläser und stellen Sie sie in den Kühlschrank. Es dürfte noch einiges an Flüssigkeit im Gärtopf zurückbleiben.
- **Frisch aus dem Gärtopf.** Am einfachsten ist es jedoch, das fermentierte Gemüse gleich aus dem Gärtopf zu essen. Aber auch das hat seine Tücken: Jedes Mal, wenn Sie den Topf öffnen oder die Gewichte entfernen, strömt Luft ein und erhöht die Wahrscheinlichkeit, dass Schimmel oder Hefen an der Oberfläche wachsen. Das Gemüse gärt bei Zimmertemperatur weiter und wird im Laufe der Tage, Wochen oder Monate zunehmend saurer. Falls Sie diese Lösung wählen, stellen Sie den Gärtopf kühl und entnehmen Sie das Gemüse mit sauberem Besteck, das sie nur einmal verwenden.

Letztendlich geht es beim Naschen des selbst angesetzten milchsauren Gemüses aus dem Gärtopf darum, ein optimales Gleichgewicht und ein Ihren Bedürfnissen bestmöglich entsprechendes Vorgehen zu finden. Eine falsche Lösung gibt es nicht, und auch eine Kombination aus verschiedenen Vorgehensweisen kann sich bewähren. Füllen Sie beispielsweise nach der Fermentation so viele Gläser mit dem Gärgemüse, wie Sie im Kühlschrank unterbringen und an Freunde verschenken können, und essen Sie dann weiterhin kleinere Mengen aus dem Topf.

SAURE GURKEN

Zutaten

Für ein Gärtopfvolumen von 3,8 Litern:

1,8–3,2 kg Einlegegurken, je nach Größe

4 Knoblauchknollen

1 große Zwiebel, geschält und geviertelt

10 Dillkronen oder 3 Bund frischer Dill

¾ Tasse (130 g) Senfkörner

1 Tasse (70 g) Weinblätter (oder tanninhaltige Alternativen, siehe Seite 160)

6 Esslöffel (108 g) grobes Meer- oder Steinsalz

2 l gefiltertes Wasser

Nach diesem Rezept mache ich Gurken am liebsten ein. Ich empfehle zwar immer, die sauren Gurken nach der Fermentation in den Kühlschrank zu stellen, doch ich muss zugeben, dass ich den Gärtopf oft bei Zimmertemperatur stehen lasse. Es bildet sich dann zwar eine Kahmhaut, aber mehr passiert nicht. Bei Ihrem ersten Ansatz sollten Sie sich besser für den Kühlschrank entscheiden! Aber sobald Sie den Dreh raus haben, sind Gurken direkt aus dem Gärtopf ein absolut leckerer Snack.

An beiden Enden der Gurken ein möglichst kleines Stück abschneiden und sie in eine große Schüssel mit Eiswasser legen. In der Zwischenzeit den Knoblauch schälen. Da es viele Zehen sind, müssen Sie nicht jedes hauchdünne Häutchen entfernen.

Dann Knoblauch, Zwiebel, Dill, Senfkörner und Weinblätter in den Gärtopf geben. Die Gurken abgießen und so in den Topf schichten, dass nach oben noch etwa 10 Zentimeter Raum für die Gewichte bleiben. Die Gurken damit beschweren.

Das Salz in dem Wasser auflösen und die Lake über die Gurken gießen. Sie sollte etwa 2,5 Zentimeter hoch auf dem Gemüse stehen. Den Gärtopf schließen.

Den Ansatz 3 bis 7 Tage stehen lassen. Haben die Gurken das Aroma der Gewürze noch nicht vollständig angenommen, die Gurken in Gläser geben, mit der Lake und den Gewürzen aus dem Gärtopf auffüllen und im Keller oder Kühlschrank lagern. Vor dem Verzehr weitere 7 bis 10 Tage durchziehen lassen. Oder jeden Tag eine Gurke probieren – und wenn sie genau richtig sind, gibt es ein großes Gurkenfest!

Ergibt: 3,8 Liter

EXTRA-TIPP

Je nach Gärtopfgröße und Zutatenmenge benötigen Sie mehr oder weniger Flüssigkeit. Für eine 6-prozentige Lake geben Sie 1½ Esslöffel (29 Gramm) Salz auf jeweils 2 Tassen (480 Milliliter) Wasser.

BLATTKOHL AUS DEM GÄRTOPF

Dieses Rezept zählt zu den seltenen Fällen von schneller Fermentation. Milchsaurer Blattkohl schmeckt einfach köstlich! Doch wenn er zu lange gärt, beginnt er zu faulen und wird schnell matschig. Aus den fermentierten Kohlblättern lassen sich sehr aromatische glutenfreie Wraps zubereiten. Da sie jedoch recht salzig sind, schafft eine salzarme Füllung einen wunderbaren Ausgleich.

Zutaten

Für ein Gärtopfvolumen von 3,8 Litern:

0,9–1,35 kg Blattkohl, je nach Blattgröße

¼ Tasse (73 g) grobes Meer- oder Steinsalz

2 l gefiltertes Wasser

Die Stiele des Blattkohls entfernen und anderweitig weiterverwenden (auch sie lassen sich hervorragend einsäuern). Dann den Blattkohl waschen, welke Blätter aussortieren und alle weichen, dunkelgrünen Stellen herausschneiden. Zwei ganze Kohlblätter beiseitelegen.

Die Blätter flach aufeinanderlegen und daraus zwei Stapel bilden. Die Stapel locker aufrollen und anschließend senkrecht in den Gärtopf stellen. Falls sich die Blätter schlecht aufrollen lassen, mit dem Messer die Blattrippen an den Unterseiten abtragen. Das macht sie etwas geschmeidiger. Die Blätter sollten jedoch beim Füllen des Gärtopfes keinen Schaden nehmen, denn schließlich wollen Sie sie nach der Fermentation einzeln entnehmen und knackig sollen sie auch sein.

Das Salz in dem Wasser auflösen und die Lake über den Blattkohl gießen. Zum Abschluss die beiden beiseitegelegten Blätter darauflegen und ebenfalls unter die Lake drücken. Mit einem leichten Gewicht, z. B. einem kleinen Teller oder einer Schüssel, beschweren und den Gärtopf verschließen. Standardgewichte würden den Blattkohl zu stark zusammendrücken und er bekäme schnell weiche Stellen.

Bei Zimmertemperatur 4 bis 5 Tage stehen lassen. Zügig verzehren. Fermentierter Blattkohl ist im Kühlschrank im eigenen Saft (am besten eignet sich ein rechteckiger Behälter mit luftdicht schließendem Deckel) 3 Tage haltbar. Vor Gebrauch trocken tupfen.

Ergibt: etwa 25 fermentierte Blattkohlblätter

EXTRA-TIPPS

Verwenden Sie nur makellose Blätter von gleicher Größe.
Je nach Gärtopfgröße und Zutatenmenge benötigen Sie mehr oder weniger Flüssigkeit. Für eine 3,5-prozentige Lake geben Sie 1 Esslöffel (17 Gramm) Salz auf jeweils 2 Tassen (480 Milliliter) Wasser.

Fragen an den Töpfer

Jeremy Ogusky aus Boston betreibt die Töpferei *Ogusky Ceramics* und organisiert das *Boston Fermentation Festival*. Von ihm wollte ich wissen, wo man einen geeigneten Gärtopf findet und wie man ihn pflegt. Hier seine Antworten:

Wenn der Topf schon älter ist
Sicherheit geht vor. Bei Keramikprodukten, die in den vergangenen hundert Jahren hergestellt wurden, sollte Blei kein Thema mehr sein. Bei Töpferware aus Mexiko kann es allerdings vorkommen, dass die Glasur nicht lebensmittelecht ist. So testen Sie einen Gär- oder Steinguttopf unbekannter Herkunft: Geben Sie über Nacht eine Zitronenscheibe oder etwas Essig hinein. Ändern sich Farbe und/oder Struktur der Glasur, reagiert sie mit der Säure und der Topf ist für die Fermentation nicht geeignet. Prüfen Sie auch mit der Hand, wie glatt sie ist. Wirkt sie uneben oder fühlt sie sich rau an, ist der Topf keine gute Wahl. Dies könnte auf mikroskopisch kleine Taschen hinweisen, in denen sich Mikroorganismen ansiedeln können, die dem Gemüse im Laufe der Zeit einen muffigen Geschmack verleihen.

Was ein neuer Gärtopf können sollte
Je dickwandiger der Topf, desto besser. Er isoliert besser und unterstützt die Temperaturregulation. Ton ist säurebeständig, kostengünstig und isoliert ganz hervorragend. Deshalb werden schon seit Jahrtausenden Gärgefäße daraus hergestellt.

Worauf Sie bei einem Gärtopf achten sollen
Sehen Sie sich einen neuen oder gebrauchten Gärtopf beim Kauf von innen und außen gut an. Hat er Sprünge? Können Sie mit der Hand Risse oder Löcher ertasten? Ein solcher Topf ist für die Fermentation von Gemüse ungeeignet.

Prüfen sie auch, ob er wasserdicht ist. Das ist einfach unerlässlich! Ein Topf aus Steinzeug mit Sprung könnte auslaufen. Unglasierte irdene Töpfe eignen sich nicht für die Fermentation von Gemüse, da sie wasserdurchlässig sind.

Ein paar Fachbegriffe
Kommerziell hergestellte Gärtöpfe werden manchmal damit angepriesen, dass sie bei soundso viel Grad „dichtgebrannt" oder „vitrifiziert" wurden. Dieser chemische Vorgang schließt die Poren, denn ein poröser Gärtopf würde nach und nach Flüssigkeit verlieren und trotz gründlicher Reinigung allerlei Bakterien Unterschlupf bieten.

Eine Glasur ist eine oberflächliche Schicht, die sich beim Brennen mit dem Ton verbindet, ihn ansehnlicher macht und schützt.

Und so wird der Gärtopf sauber
Gärtöpfe sind gut zu reinigen. Manche Modelle sind je nach Größe sogar spülmaschinengeeignet (Bitte immer erst die Gebrauchsanweisung lesen!). Aber am besten reinigt man sie einfach mit Wasser und einem biologisch abbaubaren Spülmittel. Scheuern ist nicht erforderlich und auf Seife sollten Sie bei der Reinigung verzichten!

Falls sich in dem Topf Schimmel gebildet hat, füllen Sie ihn nach dem Reinigen mit Wasser, geben etwas Salz hinein und lassen ihn über Nacht stehen. Nach dem Ausleeren mit klarem Wasser spülen und vor dem nächsten Gebrauch noch einmal gut durchspülen.

Ein letzter Gedanke
In Gärtöpfen lässt es sich wunderbar fermentieren. Aber für die Fermentation von Gemüse brauchen Sie eigentlich keine spezielle Ausrüstung und nicht einmal einen Gärtopf. Beginnen Sie mit dem, was Sie zur Hand haben, und gönnen Sie sich erst dann einen Gärtopf, wenn sich die Anschaffung wirklich lohnt.

BLATTKOHL-WRAPS

Zutaten

- 1 Avocado, entkernt
- 2 hart gekochte Bio-Eier
- ½ Paprikaschote
- 2 Blattkohlblätter aus dem Gärtopf (Seite 164)
- 3 Handvoll Rucola oder andere würzige Blattsalate
- 2 Esslöffel (30 ml) Thousand-Island-Dressing (Seite 137, wenn gewünscht)

Diese Wraps sind glutenfrei und auch für Steinzeitköstler geeignet. Ich esse sie fast täglich. Sie liefern Eiweiß sowie gesunde Fette und vor allem jede Menge Energie. Früher hatte ich nach dem Mittagessen den berühmten Durchhänger, aber jetzt hilft mir das Gemüse durch das Nachmittagstief. Veganer können, so wie ich es oft tue, die Eier durch Tempeh oder Hummus ersetzen.

Die Avocado und die Eier schälen. Das Avocadofleisch in einer kleinen Schüssel mit der Gabel zerdrücken. Die Eier in dünne Scheiben und die Paprikaschote in dünne Streifen schneiden. Die Blattkohlblätter auf einem Teller ausbreiten und jeweils die Hälfte der zerdrückten Avocado in die Blattmitte geben.

Den Rucola gleichmäßig auf beide Blätter verteilen. In die Avocadomasse drücken und mit den Paprikastreifen sowie den Eierscheiben belegen. Auf Wunsch mit Thousand-Island-Dressing beträufeln.

Die Blätter zunächst von den Seiten, dann von unten her einschlagen. Auf die Finger, und los geht der Genuss!

Ergibt: 2 Wraps

SAURE ZWIEBELN

Diese sauren Zwiebeln sind eine feine Sache! Man kann sie füllen, in Ringe schneiden, zum Salat geben oder – wenn man jemanden verblüffen will – wie einen Apfel komplett verspeisen. Nach einem Monat ist bei kleinen Zwiebeln die perfekte Harmonie von süß und sauer erreicht. Je länger Sie sie fermentieren, desto säuerlicher wird ihr Geschmack. Und in der Pfanne gebraten werden sie, in dünne Ringe geschnitten, herrlich knusprig.

Zutaten

Für ein Gärtopfvolumen von 10 Litern:

5,4 kg kleine Zwiebeln (jeweils à 120–170 g)

2 Knoblauchzehen

½ Tasse (90 g) Senfkörner

¼ Tasse (20 g) Koriandersamen

3 Zimtstangen

7 Lorbeerblätter

5 Pimentkörner

5 Wacholderbeeren

3 Sternanise

3 Esslöffel (15 g) Pfefferkörner

2 Esslöffel (4 g) Dillsamen

1 Esslöffel (6 g) Chiliflocken

330 g grobes Meer- oder Steinsalz

5,8 l gefiltertes Wasser

Zwiebeln und Knoblauch schälen. Dann die Gewürze mit den Knoblauchzehen in den Gärtopf geben.

Anschließend alle Zwiebeln in den Gärtopf schichten – die größten nach unten und die kleinsten nach oben. Mit Fermentationsgewichten beschweren, wobei noch 5 Zentimeter Platz nach oben bleiben sollten.

Das Salz in dem Wasser auflösen und die Lake in den Gärtopf gießen. In einem Gärtopf mit Wasserrinne sollte eine etwa 1,5 bis 2,5 Zentimeter hohe Lakeschicht auf den Zwiebeln stehen. Im offenen Gärtopf sollte die Lakeschicht nach Möglichkeit 5 Zentimeter betragen, da bei der Fermentation Flüssigkeit verdunstet. Ist der Topf so voll, dass die Lakeschicht keine 5 Zentimeter beträgt, überprüfen Sie am besten den Stand jede Woche und füllen gegebenenfalls Lake auf.

Bei Zimmertemperatur 1 bis 3 Monate stehen lassen.

Haben die Zwiebeln den gewünschten Säuerungsgrad erreicht, können Sie sie in Gläser umfüllen und anschließend im Kühlschrank oder auch im Keller kühl lagern.

Ergibt: 7,6 Liter

EXTRA-TIPP

Je nach Größe der Zwiebeln benötigen Sie mehr oder weniger Flüssigkeit, durchschnittlich 3,8 bis 5,7 Liter. Für eine 6-prozentige Lake geben Sie 2 Teelöffel (14 Gramm) Salz auf jeweils 1 Tasse (240 Milliliter) Wasser.

KIMCHI AUS DEM GÄRTOPF

Ich liebe Kimchi aus dem Gärtopf, denn aus dem Topf schmeckt es immer besser als aus dem Glas! Fermentierte Chinakohlköpfe sind zudem ein tolles Geschenk für die Chililiebhaber in Ihrem Freundeskreis. Für das fertige Geschenk brauchen Sie nur noch ein hübsches Gefäß und eine Schleife. Da Kimchi selten eine Kahmhaut bildet, entnehme ich den Chinakohl nach Bedarf. Und der Rest bleibt einfach bei Zimmertemperatur im Topf. Die Unterschiede, die sich im Laufe der Fermentationszeit in Geschmack und Konsistenz ergeben, sind für mich Genuss pur.

Zutaten

Für ein Gärtopfvolumen von 11,4 Litern:

6–8 kleine Chinakohlköpfe (etwa 5,5 kg)

225 g grobes Meer- oder Steinsalz

4,5 l gefiltertes Wasser

6 Esslöffel (60 g) Reismehl

2 große Daikon-Rettiche (1,8 kg), ohne Grün

450 g Schnittknoblauch

1 frische Ingwerknolle, ungeschält, gründlich gewaschen und geputzt

2 Knoblauchknollen, geschält

2 kleine Zwiebeln, geschält

½ Tasse (120 ml) Fischsauce

¼ Tasse (30 g) gesalzene Garnelen, abgetropft

4½ Tassen (540 g) Gochugaru, grob gemahlen

Den Chinakohl in kaltes Wasser legen oder gründlich spülen, um Erdreste und andere Verunreinigungen aus den Blättern zu lösen. Dann die ganzen Köpfe in große Schüsseln oder Gastronorm-Behälter geben. Das Salz in 3,8 Liter Wasser auflösen und die Lake über den Chinakohl gießen. Den Chinakohl mit einem Teller unter die Lake drücken, 48 Stunden einlegen, bis die Köpfe welk und schwer sind.

Anschließend den Chinakohl gründlich, aber vorsichtig abgießen und die Köpfe gut stützen, damit sie nicht auseinanderfallen, und trocken tupfen. Ist der Chinakohl sehr feucht, entsteht daraus ein eher flüssiges Kimchi mit viel Lake.

In einem Topf 2 Tassen (480 Milliliter) Wasser bei starker Hitze zum Kochen bringen. Das Reismehl mit dem restlichen Wasser (240 Milliliter) glatt rühren. Die Reismehlmischung unter ständigem Rühren in das kochende Wasser einlaufen lassen. Die Hitze auf mittlere Stufe reduzieren und weiterrühren, bis die Masse andickt. Das dauert etwa 1 Minute. Den Topf vom Herd nehmen und die Masse bei Zimmertemperatur oder im Kühlschrank abkühlen lassen. Sie zieht dabei noch etwas an.

Dann den Daikon-Rettich in feine Stifte schneiden und in eine Schüssel geben. Den Schnittknoblauch in 5 Zentimeter lange Stücke schneiden und zu dem Daikon-Rettich geben. Ingwer, Knoblauch und Zwiebeln grob hacken und mit Fischsauce, Garnelen, Gochugaru und der abgekühlten Reispaste in der Küchenmaschine glatt pürieren. Verarbeiten Sie möglichst mehrmals kleinere Mengen. Falls nötig, die Maschine anhalten und die Masse mit einem Spatel von den Wänden lösen.

Auf Wunsch Kimchi- oder Einmalhandschuhe anziehen. Die Würzpaste bis auf 1 Tasse (230 Gramm) mit Daikon-Rettich und Schnittknoblauch mischen.

Anschließend einen Chinakohl mit der nicht dominanten Hand am Strunk so fassen, dass er sich wie eine Blüte öffnet. Die inneren Blätter vorsichtig auseinanderdrücken und jeweils auf der Innen- und Außenseite mit der Würzmischung einreiben. Mit allen anderen Blättern wiederholen und den Chinakohl erneut zu einem Kopf schließen, damit nichts von der Mischung herausfällt. Das verleiht dem bereits weichen Chinakohl etwas mehr Volumen. Den Vorgang mit allen Chinakohlköpfen wiederholen und zum Schluss die äußeren Blätter dick mit der beiseitegestellten Würzpaste (230 Gramm) bestreichen.

Die Chinakohlköpfe vorsichtig in den Gärtopf schichten. Sie sollten flach und eng aneinander liegen, damit möglichst wenig von der Würzmischung herausfällt. Die oberste Schicht mit den Resten von Würzmischung und Würzpaste bestreichen. Mit Gewichten beschweren und den Gärtopf verschließen. Im Laufe der Zeit zieht der Chinakohl Wasser und der Flüssigkeitsspiegel im Topf steigt.

Bei Zimmertemperatur 1 bis 2 Wochen stehen lassen. Der Chinakohl muss nicht umgefüllt werden, sondern kann im Gärtopf bleiben. Entnehmen Sie das Kimchi immer mit sauberen Händen und sauberem Besteck!

Ergibt: 6 bis 8 Chinakohlköpfe

EXTRA-TIPP

Je nach Größe der Chinakohlköpfe und des verwendeten Gärtopfes wird mehr oder weniger Flüssigkeit benötigt. Für eine 6-prozentige Lake geben Sie 2 Teelöffel (14 Gramm) Salz auf jeweils 1 Tasse (240 Milliliter) Wasser.

1
U.S.A

MILCHSAURE MAISKOLBEN

Zutaten

Für ein Gärtopfvolumen von 3,8 Litern:

10 dünne Maiskolben, ohne Blätter und Bart

5 Esslöffel (90 g) grobes Meer- oder Steinsalz

2,4 l gefiltertes Wasser

Man könnte diese eingelegten Maiskolben auch als „süß-sauer" bezeichnen, denn trotz der Gärung bewahren sie einen Rest ihrer Süße und gleichzeitig schmeckt man die Säure der Fermentation. Aber das Beste daran ist, dass man sie an heißen Sommerabenden direkt aus dem Gärtopf futtern kann. Da kann die Küche gern mal kalt bleiben!

Die Maiskolben waschen und Reste des Maisbarts entfernen. Die Kolben senkrecht und möglichst eng nebeneinander in den Gärtopf stellen. Nach oben sollten 7,5 bis 10 Zentimeter Platz im Topf sein. Das Salz in dem Wasser auflösen und die Lake über die Maiskolben gießen. Sie sollten von einer dünnen Schicht bedeckt sein. Mit Fermentationsgewichten beschweren, den Gärtopf verschließen und die Maiskolben1 bis 2 Wochen stehen lassen. Nach 2 Wochen schmeckt der Mais allerdings eher sauer als süß.

Die eingelegten Maiskolben sind im Kühlschrank mindestens 1 Woche haltbar.

Ergibt: 10 Maiskolben

EXTRA-TIPP

Je nach Größe der Maiskolben wird mehr oder weniger Flüssigkeit benötigt. Für eine 4-prozentige Lake geben Sie 1 Esslöffel (19 Gramm) Salz auf jeweils 2 Tassen (480 Milliliter) Wasser.

SAURE ROTKRAUTHÄLFTEN

Zutaten

Für ein Gärtopfvolumen von 11,4 Litern:

5 Rotkohlköpfe (6 kg)

1 Knoblauchknolle, geschält

¼ Tasse (25 g) Kümmelsamen

1 Bund Dill

1 rote Zwiebel, geschält und in dicke Ringe geschnitten

8 kleine getrocknete Thai-Chilischoten (wenn gewünscht)

5 Lorbeerblätter

5 Wacholderbeeren

245 g grobes Meer- oder Steinsalz

5,7 l gefiltertes Wasser

In einer Familie mit polnischen und ukrainischen Wurzeln gibt es meist mehr als eine Kohltradition. Bei uns sind es die Gwumpki (Kohlrouladen). Würde mein Vater am Tag vor Heiligabend keine Kohlblätter kochen und dann bis in die frühen Morgenstunden Gwumpki wickeln, würden wir vermutlich gar nicht mitbekommen, dass es Weihnachten ist. Im Laufe all meiner Bemühungen, über Sauergemüse zu meinen kulturellen Wurzeln zurückzufinden, habe ich unzählige Möglichkeiten der Sauerkrautherstellung ausprobiert, bevor ich schließlich meine eigene Tradition fand. Ich stelle mir immer wieder gern vor, wie meine Vorfahren an einem kalten Wintertag den Gärtopf öffneten und genussvoll in Geschmack und Farbe des Gärgemüses schwelgten.

Den Kohl waschen. Die unschönen oder welken äußeren Blätter entfernen und den Kohl halbieren.

Knoblauch, Kümmel, Dill, Zwiebel, Chilischoten, Lorbeerblätter und Wacholderbeeren in den Gärtopf geben. Die Kohlhälften bis 10 Zentimeter unter den Rand einschichten. Dabei müssen Sie nicht allzu zaghaft vorgehen. Falls nicht alle Hälften in den Topf passen oder zu viel Platz einnehmen, können Sie 1 bis 2 davon halbieren. Die Viertel lassen sich leichter einschichten. Mit Fermentationsgewichten beschweren.

Das Salz in dem Wasser auflösen und die Lake in den Gärtopf gießen, bis sie etwa 2,5 Zentimeter hoch auf dem Gemüse steht.

Die eingelegten Rotkohlhälften 2 bis 5 Monate stehen lassen. Vor dem Servieren in dicke Scheiben schneiden.

Ergibt: 10 Kohlhälften

EXTRA-TIPP

Dieses Rezept wurde für einen Gärtopf mit 11,4 Litern Fassungsvermögen berechnet. Je nach Größe der Kohlköpfe und Ihres Topfes werden Sie mehr oder weniger Flüssigkeit benötigen. Für eine 4,5-prozentige Lake geben Sie 2 Teelöffel (11 Gramm) Salz auf jeweils 1 Tasse (240 Milliliter) Wasser.

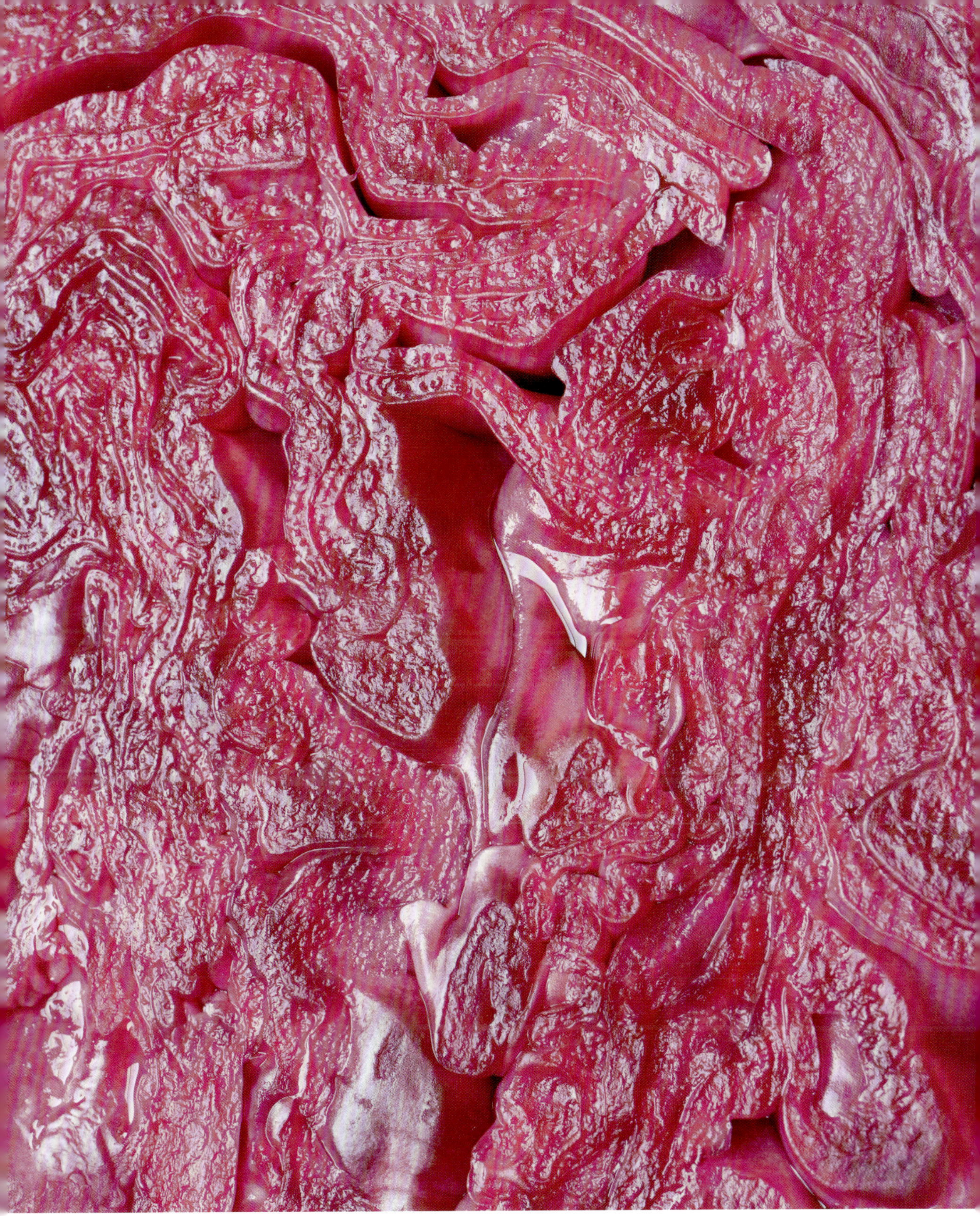

KAPITEL 7

Fermentieren ohne Salz

Bis zu dieser Seite konnten Sie immer wieder lesen, wie wichtig Salz für die Fermentation von Gemüse ist. Dabei ist es für eine gesundheitlich unbedenkliche Gärung und die Herstellung von leckerem Sauergemüse gar nicht unbedingt erforderlich. Es gibt sowohl traditionelle als auch zeitgenössische Rezepte, die ganz ohne Salz auskommen.

Trotzdem spricht einiges für seine Verwendung: Es ist ein hochwirksames Konservierungsmittel, wodurch gesalzenes Sauergemüse länger haltbar ist. Es erhält den knackigen Biss. Es vertreibt gefährliche Mikroorganismen, während sich Milchsäurebakterien auch in einem sehr salzigen Milieu noch wohlfühlen. Bereits geringe Mengen Salz sind für das Wachstum dieser gesunden Bakterien von Vorteil. Da jedoch letztendlich die Entstehung von Milchsäure und daraus resultierend der niedrige pH-Wert den gefahrlosen Verzehr von fermentiertem Gemüse garantieren, können Sie das Salz auch ohne Weiteres weglassen.

Tipps und hilfreiche Grundregeln

Die in diesem Kapitel beschriebenen Fermentationstechniken basieren auf festen und flüssigen Nahrungsmitteln mit hohem Tanningehalt, um den Biss zu erhalten, aber auch auf von Natur aus natriumreichem Gemüse (das dennoch deutlich mehr Kalium- als Natriumchlorid enthält). Schwarz- und Grüntee ist tanninhaltig und sowohl in Kokoswasser als auch in Gemüsebrühe (Seite 184) findet sich natürliches Natrium. Die hier beschriebenen Methoden funktionieren aber auch mit anderen Gemüsesorten oder anderen Rezepten aus diesem Buch. Knackigere Sorten wie etwa Radieschen, Rote Bete, Speiserüben oder Karotten lassen sich jedoch deutlich besser ohne Salz fermentieren als weichere Gemüse wie Salatgurken, Paprikaschoten oder Blattkohl.

Fermentieren mit Tee

Grüner Tee enthält besonders viel Tannin, aber auch Schwarztee ist ein guter Tanninlieferant. Sie sorgen dafür, dass auch empfindlichere Gemüsesorten bei der Fermentation knackig bleiben. Ein mangelnder Biss ist das größte Problem von salzfreien Sauergemüse, mit Tee können Sie dies weitgehend verhindern. Verwenden Sie Ihre Lieblingsteesorte, die allerdings weder Konservierungsstoffe noch Maltodextrin enthalten sollte. Daher rate ich Ihnen, zum Fermentieren nur Bio-Teesorten zu nehmen. Tee ist Geschmacksträger und Tanninlieferant in einem und kann die von dem fehlenden Salz hinterlassene Lücke zumindest teilweise schließen. Testen Sie nach Herzenslust, welche Teesorte am besten zu welchem Gemüse passt. Die Rote Bete mit Fenchel und Earl Grey (Seite 181) sind bei allen Kursteilnehmern beliebt.

Fermentieren mit Brühe

Für diese besondere Brühe (Gesunde Gemüsebrühe, Seite 184) habe ich Gemüse mit natürlich hohem Natriumgehalt verwendet. Sie macht milchsauer Eingelegtes schmackhafter und erhält seinen Biss besser als die Fermentation in Wasser. Das dafür geeignete Gemüse sollte Natrium, aber vor allem Kalium enthalten.

Fermentieren mit Kokoswasser

Dem Kokoswasser werden wundersame Heilkräfte zugeschrieben. Ich kann dem hinzufügen, dass man wunderbar damit fermentieren kann. Ansätze mit Kokoswasser prickeln erfrischend und sind ein Geschmackserlebnis der besonderen Art.

SAUERKRAUT MIT ROTER BETE UND SELLERIE

Monatelang habe ich erfolglos versucht, salzfreies Sauerkraut herzustellen. Doch am Ende stand ich fast immer vor einem Glas voll matschigem Kraut. Von allen getesteten Gemüsesorten erhalten Rote Bete und Sellerie den Biss am besten. Die knackige Konsistenz von gesalzenem Kraut lässt sich damit jedoch nicht erreichen.

Zutaten

230 g Weißkohl, vom Strunk befreit und in 5 Millimeter breite Streifen geschnitten

¼ Tasse (60 g) Knollensellerie, geputzt, geschält und geraspelt

¼ Tasse (60 g) Rote Bete, geputzt, geviertelt und in dünne Scheiben geschnitten

gefiltertes Wasser zum Aufgießen (Menge nach Bedarf)

Weißkohl, Sellerie und Rote Bete in einer großen Schüssel vermengen. Kneten, bis das Gemüse feucht wird. Es sammelt sich kein Saft an wie bei gesalzenem Kraut und auch der Weißkohl verändert sich dabei nicht wesentlich.

Das Gemüse in ein 0,5-Liter-Glas schichten und immer wieder gut verdichten. Mit reichlich gefiltertem Wasser aufgießen. Es sollte von einer dünnen Schicht Flüssigkeit bedeckt sein. Das Gemüse auf die bevorzugte Weise (siehe Seite 23 ff.) unter die Flüssigkeit drücken und das Glas abdecken.

Anschließend 1 Woche stehen lassen oder länger, falls das Gemüse noch zu knackig ist. Das Gewicht entfernen, das Glas mit einem Deckel verschließen und in den Kühlschrank stellen. Das Gemüse wird schnell weich und sollte innerhalb weniger Wochen verzehrt werden. Was übrig bleibt oder nach Ihrem Geschmack zu weich ist, können Sie pürieren und als Aufstrich oder Dip servieren.

Ergibt: 1 kleines Glas (450 Gramm)

DIP AUS WEISSEN BOHNEN UND SAUERKRAUT

Ein Nachteil von salzfreiem Sauerkraut ist, dass es nicht besonders bissfest ist. Wenn das Kraut sehr weich ist, suche ich mir ein Rezept, für das es taugt: Dieser Dip ist dank seines säuerlichen Geschmacks sowie den Kräutern perfekt auch ohne Salz!

Zutaten

¾ Tasse (180 g) Sauerkraut mit Roter Bete und Sellerie oder anderes salzfreies Sauerkraut

½ Tasse (90 g) frisch gekochte oder (130 g) ohne Salz konservierte weiße Bohnen aus der Dose (am besten Cannellini)

1½ Teelöffel (1 g) getrockneter Salbei

1 Messerspitze getrockneter Thymian

Das Sauerkraut abgießen, die Bohnen spülen und beides gut abtropfen lassen. Dann alle Zutaten etwa 3 Minuten in der Küchenmaschine glatt pürieren.

Ergibt: 1 Tasse (300 Gramm)

EXTRA-TIPPS

Wenn Sie sich nicht salzarm ernähren, können Sie auch normales Sauerkraut verwenden!
Besonders gut schmeckt dieser Dip zu Pita-Chips oder Gemüsesticks.

MILCHSAURE KLETTENWURZELN MIT KURKUMA

Zutaten

390 g Klettenwurzel, geputzt

60 g Kurkumawurzel, geputzt

2 Tassen (480 g) Kokoswasser

Ich leide schon seit meiner Geburt unter Ekzemen, die auch heute noch gelegentlich aufflammen. Doch zum Glück habe ich dann immer etwas von diesem entzündungshemmenden Sauergemüse zur Hand. Die Klettenwurzel soll besonders bei Ekzemen sehr hilfreich sein und Kurkuma ist ein entzündungshemmendes Allroundtalent. Zusammen schmecken sie köstlich und sind zudem eine lindernde Wohltat für meine Haut.

Kletten- und Kurkumawurzeln in 5 Millimeter dicke Scheiben schneiden. In ein 1-Liter-Glas geben und mit Kokoswasser aufgießen. Sie sollten von einer dünnen Schicht Flüssigkeit bedeckt sein. Die Wurzeln auf die bevorzugte Weise (siehe Seite 23 ff.) beschweren und das Glas abdecken. Da Ansätze mit Kokoswasser meist sehr stark prickeln, sollten Sie das Glas bis maximal 2,5 Zentimeter unter den Rand füllen und dieses auf einen Teller oder ein altes Geschirrtuch stellen.

Anschließend 5 bis 14 Tage stehen lassen. Das Gewicht aus dem Glas nehmen, das Glas mit einem Deckel verschließen und in den Kühlschrank stellen.

Ergibt 1 Glas (900 Gramm)

EXTRA-TIPP

Kurkumaflecken lassen sich nicht mehr entfernen – meine Arbeitsflächen aus Naturholz sind der beste Beweis dafür. Geben Sie daher die geschnittene Wurzel direkt ins Glas, fassen Sie nichts anderes an und waschen Sie sich sofort die Hände.

SCHARF-SAURE GRÜNE BOHNEN

Ansätze mit Kokoswasser machen Spaß! Sie blubbern fröhlich vor sich hin und ihr typischer Geschmack hat Suchtpotenzial. Wie bei den anderen salzfreien Fermentationsmethoden geht es dabei jedoch weniger um einen Kompromiss als vielmehr um ein neues Fermentationsabenteuer. In Kokoswasser eingelegtes Gemüse schmeckt allerdings deutlich saurer als Gemüse, das in Salzlake vergoren wurde.

Zutaten

1 Stück (3 cm) frische Ingwerwurzel, ungeschält und in Scheiben geschnitten

1 Zimtstange

1 Pimentkorn

2–3 Messerspitzen Chiliflocken

230 g grüne Bohnen, geputzt, blanchiert und in Eiswasser abgeschreckt

1 Tasse (240 ml) Kokoswasser

Zuerst die Gewürze in ein 0,5-Liter-Glas geben, dann die grünen Bohnen vorsichtig einschichten. Da gequetschte Bohnen schnell matschig werden, sollten Sie die Bohnen jedoch nicht zu eng schichten. Kokoswasser über die Bohnen gießen, sodass diese von einer dünnen Schicht bedeckt sind.

Die Bohnen auf die bevorzugte Weise (siehe Seite 23 ff.) beschweren und das Glas abdecken. Anschließend das Glas auf einen Teller oder ein altes Geschirrtuch stellen, da Ansätze mit Kokoswasser stark prickeln.

Bei Zimmertemperatur 5 bis 10 Tage stehen lassen. Nach 10 Tagen werden die grünen Bohnen etwas weicher.

Ergibt: 1 kleines Glas (450 Gramm)

ROTE BETE MIT FENCHEL UND EARL GREY

In Sachen Tee war ich früher recht einfallslos. Ich mochte die Zitrusnote von Earl Grey und trank fast nichts anderes. Dann lernte ich die Tee-Expertin Alexis Siemons kennen. Sie öffnete mir die Augen für all die feinen Geschmacksnuancen, die ich mir hatte entgehen lassen. Da ich Earl Grey nach wie vor liebe, ließ ich mich von Alexis inspirieren und koche heute auch damit.

Zutaten

230 g Rote Bete, geputzt und ohne Grün

30 g Fenchelknolle, in dünne Scheiben geschnitten

¾ Tasse (180 ml) kalt angesetzter Earl-Grey-Tee (Seite 182)

Die ungeschälten Roten Beten in 1,5 Zentimeter dicke Scheiben schneiden und in ein 0,5-Liter-Glas schichten. Die Scheiben gegebenenfalls halbieren, damit sie hineinpassen. Den Fenchel seitlich in das Glas schieben. Mit dem Tee aufgießen, bis das Gemüse von einer dünnen Schicht Flüssigkeit bedeckt und das Glas bis 2,5 Zentimeter unter den Rand gefüllt ist. Das Gemüse auf die bevorzugte Weise (siehe Seite 23 ff.) beschweren und das Glas abdecken.

Anschließend 1 Woche stehen lassen oder länger, falls das Gemüse noch zu knackig ist. Das Gewicht entfernen, das Glas mit einem Deckel verschließen und in den Kühlschrank stellen. Innerhalb weniger Wochen verbrauchen.

Ergibt: 1 kleines Glas (450 Gramm)

TANNINTEE

Vor einigen Jahren entdeckte ich, dass kalt angesetzter Tee das perfekte Sommergetränk ist. Werden die Blätter nicht erhitzt, kann der Tee auch nicht bitter schmecken. Seine natürlichen Aromen dominieren die bitteren Noten, und inzwischen bin ich unwiderruflich ein Fan von Kaltaufgüssen! Diese Art der Zubereitung ist ganz einfach, Sie brauchen dafür allerdings etwas mehr Tee.

Zutaten

1 l gefiltertes Wasser, zimmerwarm

5 Beutel oder 4 Teelöffel (8 g) grüner oder schwarzer Tee

Das Wasser in ein 1-Liter-Glas füllen und den Tee dazugeben. Das Glas verschließen und den Tee bei Zimmertemperatur oder im Kühlschrank 8 bis 12 und maximal 24 Stunden durchziehen lassen.

Die Teebeutel herausnehmen oder den losen Tee herausfiltern.

Den Tee im Kühlschrank aufbewahren und innerhalb von 1 Woche trinken. Vor Gebrauch auf Zimmertemperatur erwärmen.

Ergibt: 1 Liter

SENCHA-DAIKON-PICKLES

›

Für dieses einfache, knackige und delikate Sauergemüse brauchen Sie nur feinen japanischen Grüntee und köstlichen japanischen Rettich. Der kalt angesetzte Tee ist garantiert nicht bitter und aromatisiert das Gemüse sehr dezent. Der fermentierte Rettich schmeckt säuerlich und erfrischend. Servieren Sie Sencha-Daikon-Pickles zu einem Schälchen wärmender Misosuppe.

Zutaten

230 g Daikon-Rettich

¾ Tasse (180 ml) kalt angesetzter grüner Sencha

Den Daikon-Rettich putzen und in 1,5 Zentimeter breite sowie 7,5 bis 10 Zentimeter lange Stifte scheiden. Die Rettichstifte senkrecht in ein 0,5-Liter-Glas schichten und das Glas mit dem Tee bis etwa 2,5 Zentimeter unter den Rand füllen. Den Rettich auf die bevorzugte Weise (siehe Seite 23 ff.) unter die Flüssigkeit drücken und das Glas abdecken.

Bei Zimmertemperatur 5 bis 7 Tage stehen lassen. Das Gewicht herausnehmen, das Glas mit einem Deckel verschließen und in den Kühlschrank stellen.

Ergibt: 1 kleines Glas (450 Gramm)

GESUNDE GEMÜSEBRÜHE

Meine Freundin Beth kocht nicht gern, trotzdem habe ich von ihr gelernt, Brühe zu trinken. Meine Gemüsebrühe ist schnell gemacht, herzhaft und wärmend. In den kühleren Monaten sollten Sie davon stets einen kleinen Vorrat haben. Diese Gemüsebrühe enthält Natrium und Kalium in einem ausgewogenen Verhältnis, was sie zu einem perfekten Helfer für die salzfreie Fermentation macht.

Zutaten

6 Karotten, geputzt

3 Rote Bete, geputzt

1 kleine Sellerieknolle, geschält

1 kleine Lauchstange, in Stücke geschnitten und gewässert

1 Bund Stangensellerie, mit Blättern

3 l gefiltertes Wasser

Das Gemüse waschen, in größere Stücke schneiden und in einen 6-Liter-Topf geben. Mit Wasser aufgießen und bei starker Hitze zum Kochen bringen. Die Hitze reduzieren und zugedeckt 1 Stunde köcheln lassen. Vor Gebrauch im Kühlschrank abkühlen lassen. Die Brühe kann bis zur Verwendung 5 Tage gekühlt aufbewahrt werden.

Ergibt: 3 Liter

EINGELEGTER KOHLRABI

Kohlrabi sieht aus, als stamme er von einem anderen Stern, doch sein Geschmack und seine Konsistenz sind uns vertraut. Er gehört wie Weiß-, Rot- oder Blumenkohl zur Gattung der Kohlgewächse (Brassicaceae), die hervorragend als Sauergemüse geeignet sind. Und wie Radieschen, Speiserübe, Steckrübe und Rote Bete kann man ihn wunderbar in Brühe einlegen, denn er bleibt auch ohne viel Salz herrlich knackig.

Zutaten

1 Kohlrabi, geputzt und gewaschen

1 Tasse (240 ml) Gesunde Gemüsebrühe

Den Kohlrabi in 5 bis 15 Millimeter breite Stifte schneiden. Die Stifte in ein 0,5-Liter-Glas schichten. Mit Brühe aufgießen, bis der Kohlrabi bedeckt ist und etwa 2,5 Zentimeter Platz nach oben bleiben. Den Kohlrabi auf die bevorzugte Weise (siehe Seite 23 ff.) unter die Brühe drücken und das Glas abdecken.

Den Ansatz 7 bis 10 Tage stehen lassen oder länger, falls das Gemüse noch zu knackig ist. Das Gewicht herausnehmen, das Glas mit einem Deckel verschließen und in den Kühlschrank stellen.

Ergibt: 1 kleines Glas (450 Gramm)

Problemlos salzlos

Bei salzfreiem Sauergemüse besteht der Trick darin, genauestens auf Geruch und Aussehen zu achten und den pH-Wert verlässlich zu bestimmen. Probleme, die bei fermentiertem Gemüse in Salzlake extrem selten auftreten, kommen bei der salzfreien Fermentation häufiger vor. Einen unangenehmen Geruch von Schweizer Käse und faulen Eiern sollten Sie sehr ernst nehmen. Er kann auf eine unerwünschte zweite Gärung hinweisen. Übel riechendes Gemüse sollte unverkostet entsorgt werden. Salzfrei Fermentiertes schimmelt zudem leichter und gehört dann ebenfalls auf den Kompost. Am sichersten ist es, den pH-Wert salzfreier Ansätze vor dem Verzehr mit einem pH-Wert-Messgerät oder mit Teststreifen (siehe Bezugsquellen, Seite 205) zu prüfen. Ein Wert unter 4,0 garantiert einen gefahrlosen Genuss.

Wenn Sie Salz aus gutem Grund aus Ihrer Küche verbannt haben, sind diese Rezepte genau richtig für Sie! Und sollten Sie gar nicht auf Salz verzichten müssen, so können Sie mit den in diesem Kapitel beschriebenen Methoden köstliche Pickles für jedermann zaubern.

KAPITEL 8

Tsukemono, „Sun-Pickles" und andere fermentierte Köstlichkeiten

In diesem Kapitel lernen Sie neue Methoden der Gemüsefermentation kennen. Kaum etwas von dem, was im zweiten Teil des Buches wichtig war, spielt bei der Fermentation im Misodoko oder Nukadoko eine Rolle. Die Hefegärung beim Knoblauchhonig (Seite 194) gehorcht anderen Regeln als die bakterielle Gärung. Und der alles entscheidende Luftabschluss? Ist bei der Herstellung von *Hari Mirch Ka Achaar* (Seite 197) nicht erforderlich.

Ich möchte Ihnen hier lediglich die Möglichkeit geben, in neue Tiefen des Fermentationsuniversums vorzudringen, die Sie dann später noch genauer erforschen können.

„Blitzfermentation" auf Japanisch

In Japan kennt man viele Möglichkeiten der Gemüsefermentation und nicht immer spielt die Gärung dabei eine Rolle. Das schnelle Einsäuern ist eine dieser Methoden. Doch damit sie auch tatsächlich klappt, müssen Sie dem Gemüse zunächst „ein Bett bereiten". Darauf kommt es letztlich hierbei an (vor allem beim Nukadoko, Seite 191). Und zuweilen ist diese Art der Fermentation arbeitsaufwendiger. Doch das fein säuerliche Ergebnis entschädigt Sie mit seinem einzigartigen Geschmack für all die Mühen!

Misodoko

In Misopaste fermentiertes Gemüse (Misozuke) geht einfach und schnell – das sehen nicht nur die Experten so. Die Misopaste nimmt jeden Geschmack an, um ihn dann an das Gemüse abzugeben. Dies sollten Sie bei der Fermentation von Zwiebeln, Knoblauch oder Chilischoten stets bedenken. Sauergemüse wie etwa Tsukemono ist meist sehr salzig und passt daher am besten zu leicht gewürzten Gerichten.

Zutaten

1 Tasse (250 g) Miso

¼ Tasse (60 ml) Mirin (Reiswein)

3 Knoblauchzehen, geschält und fein gehackt

1 Stück (3 cm) Ingwerwurzel, geschält und fein gehackt

etwas frisch gemahlener Pfeffer (Menge nach Wunsch)

Alle Zutaten in eine Schüssel geben und zu einer glatten Paste verarbeiten. Diese in ein luftdicht verschließbares Glasgefäß füllen, das 475 bis 710 Milliliter fasst. Die Misopaste ist nun bereit für die Gemüsefermentation (siehe Extra-Tipp).

Das Misodoko in den Kühlschrank stellen, wenn es nicht in Gebrauch oder für eine längere Fermentation vorgesehen ist.

Ergibt: 2 bis 3 Tassen (450 bis 680 Gramm)

EXTRA-TIPPS

Der Gemüseauswahl sind bei der Herstellung von Misodoko keine Grenzen gesetzt. Bei der Fermentation von Sorten mit hohem Wasseranteil „altert" die Misopaste allerdings schneller und kann daher nicht so oft verwendet werden. Doch ein Misodoko ist schnell zubereitet, und die Fermentation von Gurken, Paprikaschoten und Blattgemüse aller Art macht garantiert auch Ihnen Spaß!

Helle Misopaste wurde am kürzesten fermentiert, schmeckt süßer und weniger salzig. Dunkle Misopaste ist geschmacklich am intensivsten und enthält am meisten Salz. Finden Sie Ihren persönlichen Favoriten.

Die Fermentation kann viel oder wenig Zeit in Anspruch nehmen. Manche Gemüsesorten (Misotopinambur, Seite 190) lasse ich über 6 Monate reifen und bei anderen warte ich nur 1 Stunde. Nach kurzer Zeit im Misobett haben sie einen zarten und nicht allzu salzigen Geschmack. Nach längerer Fermentation können sich Farbe und Konsistenz erheblich verändern. Probieren Sie jeden Tag. So finden Sie schnell heraus, was Ihnen am besten schmeckt.

Sie dürfen das Gemüse sogar schälen! Es wird von den Mikroorganismen im Miso und nicht durch die auf der Schale angesiedelten „Bewohner" fermentiert. Damit steht es Ihnen frei, alles zu schälen, was Sie in Miso betten.

Es ist zwar üblich, aber kein Muss, das fermentierte Gemüse abzuspülen. Dadurch werden Misoreste entfernt und das Gemüse schmeckt anschließend nicht mehr so salzig.

Im Laufe mehrerer Fermentationsvorgänge zieht die Misopaste Feuchtigkeit. Schließlich ist sie völlig durchnässt und hat einen großen Teil ihres Geschmacks eingebüßt. Dann wird es Zeit, mit diesem Misodoko einen großen Topf Suppe zu kochen und ein neues herzustellen.

Wenn Sie das fermentierte Gemüse aus dem Misodoko genommen haben, sollten Sie das Bett gleich wieder füllen oder bis zum erneuten Gebrauch zugedeckt im Kühlschrank aufbewahren.

MISORHABARBER

Säuerliches Gemüse eignet sich besonders gut für die Fermentation im Misobett. Die Säure im Rhabarber gleicht das Salz im Miso aus, und der Geschmack der Stiele ist schon nach wenigen Tagen kaum wiederzuerkennen. Der hohe Salzanteil des Miso lässt das Gemüse während der Fermentation schrumpfen. Und oft ist es dann schwierig, alle Stücke aus ihrem gemütlichen Fermentationsbett zu fischen. Karen Solomon empfiehlt in ihrem hervorragenden Buch zum Thema „Asian Pickles" (siehe Literaturempfehlungen, Seite 202) die Verwendung eines Mulltuchs, damit kein Bissen Gemüse verloren geht. Mich stört es nicht, im Misobett gelegentlich eine gut abgelagerte Überraschung zu finden. Aber ein Mulltuch verhindert auch, dass bei der Gemüseentnahme zu viel Misopaste verloren geht.

Zutaten

1 Misodoko (Seite 189)

2 Stiele Rhabarber, geputzt, geschält und in 3 cm lange Stücke geschnitten

Die Hälfte der Misopaste in das Fermentationsgefäß geben und ein Mulltuch darüber ausbreiten. Die Rhabarberstücke darauf verteilen und mit einem weiteren Mulltuch bedecken. Die restliche Misopaste darauf verteilen. Die Mulltücher dürfen auch über den Rand hängen, so lassen sie sich später leichter anheben. Das Miso mit einem Holzlöffel gut festdrücken und das Gefäß verschließen.

Bei Zimmertemperatur oder im Kühlschrank 1 Woche stehen lassen. Dann das obere Mulltuch abheben und den fermentierten Rhabarber entnehmen. In Würfel geschnitten verleiht er Gerichten eine säuerlich-salzige Würze.

Ergibt: ¾ Tasse (170 Gramm)

MISOTOPINAMBUR

Topinambur gehört zu den Gemüsesorten, die ich besonders gern im Misobett fermentiere. Das hat viele Gründe, doch vor allem, weil ich etwas nachlässig bin und schon mal das eine oder andere Stück im Misodoko vergesse. Bei Topinamburknollen spielt das keine Rolle. Ich habe schon Scheiben in einem Misodoko entdeckt, das monatelang in der hintersten Ecke des Kühlschranks stand. Sie waren knackig, salzig und genau richtig zum Verzehr. Der komplexe Geschmack des Misobetts und das feine Aroma der Topinamburknollen werden Sie durch ihre einzigartige Note überraschen.

Zutaten

1 Misodoko (Seite 189)

½ Tasse (80 g) Topinambur, in Scheiben geschnitten

Die Topinamburscheiben im Misobett vergraben und die Paste wieder gut festdrücken. (Oder nach der von Karen Solomon empfohlenen und nebenstehend erklärten Mulltuch-Methode verfahren.) Das Gefäß verschließen und 1 bis 6 Monate in den Kühlschrank stellen. Die Topinamburscheiben sollten noch knackig, aber fast so durchsichtig wie Wasserkastanien sein. Das Gemüse abspülen und servieren.

Ergibt: ½ Tasse (120 Gramm)

NUKADOKO

Nukadoko ist ein Reiskleiebett zum Fermentieren von Gemüse. Jedes Nukadoko entwickelt einen charakteristischen Geschmack. Die einen sind eher sauer und andere geben ein rauchiges oder fleischartiges Aroma ab. Auch ich hatte noch nie zwei, die dem Gemüse den gleichen Geschmack verliehen haben. Legen Sie einmal ein Nukadoko an und pflegen Sie es so lange wie möglich. Die Mühe lohnt sich! Indem Sie es mit Gemüseresten füttern, impfen Sie es mit Milchsäurebakterien und Aromen.

Zutaten

450 g Reiskleie

4 Kombu-Algen-Stücke, in schmale Streifen geschnitten

2 Knoblauchzehen, fein gehackt

1 Stück (3 cm) frische Ingwerwurzel, fein gehackt

1 Esslöffel (9 g) Senfmehl

1 Teelöffel (1 g) Chiliflocken

1¼ Tassen (300 ml) gefiltertes Wasser

½ Tasse (120 ml) Bier

½ Tasse (150 g) feines Tafelsalz

1 Tasse (150 g) gesammelte Gemüsereste von 1 Woche

Die Reiskleie portionsweise in einer großen Pfanne bei mittlerer Hitze anrösten. Dafür die Kleie maximal 2 Zentimeter hoch in die Pfanne füllen. Unter ständigem Rühren rösten, bis sie Farbe annimmt und nach frisch gebackenen Keksen riecht. Das dauert etwa 2 Minuten. Sobald die Kleie das Aroma von Popcorn verströmt, die Pfanne vom Herd nehmen und kräftig umrühren. Abkühlen lassen.

Reiskleie, Kombu-Algen-Streifen, Knoblauch, Ingwer, Senfmehl und Chiliflocken in einem Gefäß mit mindestens 2 Litern Fassungsvermögen gründlich vermengen.

Dann Wasser und Bier mischen und das Salz darin auflösen. Die Flüssigkeit über die Reiskleie gießen. Alles zu einer dicken Paste verrühren. Ist sie zu trocken, esslöffelweise (15 Milliliter) gefiltertes Wasser dazugeben, bis die Mischung so geschmeidig ist, dass sich Gemüsestücke mühelos ein- und ausgraben lassen.

Die Gemüsereste untermengen und gleichmäßig in der Paste verteilen. Das Nukadoko täglich durchmischen. Einmal wöchentlich die Gemüseabschnitte herausfischen. Dabei möglichst viel von der anhaftenden Kleiemischung abstreifen, wieder ins Nukadoko geben und das Gemüse entsorgen. Wegen des hohen Salzanteils der Nukapaste schrumpfen die Gemüsereste in der Vorbereitungsphase stark. Anschließend frische Gemüseabschnitte hineingeben. Den Vorgang 4 bis 6 Wochen lang wiederholen, bis das Nukadoko angenehm säuerlich riecht. Zur Fermentation von Gemüse siehe Gurken und Radieschen aus dem Nukadoko (Seite 192).

Obwohl man die Nukapaste so gut wie möglich erhalten sollte, geht bei jeder Gemüseentnahme kleine Mengen Kleie, Salz und auch etwas Geschmack verloren, der – wie beabsichtigt – in das Gemüse übergehen sollte. Bei täglichem Gebrauch sollten Sie die Paste möglicherweise einmal im Monat mit Salz, gerösteter Reiskleie, Wasser und Gewürzen ergänzen.

Ergibt: 1,9 Liter

EXTRA-TIPPS

Geeignete Gemüsereste für ein Nukadoko sind die Schalen von Speiserüben und Radieschen, die äußeren Blätter und der Strunk von Blumenkohl, Brokkoli und Kohl. Meiden Sie Zwiebelgewächse, da größere Mengen davon die Paste zu stark aromatisieren. Und bedenken Sie, dass Karotten und Rote Bete das Nukadoko einfärben.

GURKEN UND RADIESCHEN AUS DEM NUKADOKO

Zutaten

1 Salatgurke

1 Bund Radieschen, ohne Grün

1 Nukadoko (Seite 191)

Wenn das Nukadoko fertig ist, ist der größte Teil der Arbeit getan. Die Herstellung von Nukazuke (eingelegtem Gemüse) ist einfach und flexibel handhabbar. Man kann so gut wie jedes Gemüse einlegen, aber Gurken im Nukabett schmecken besonders gut. Wenn es schnell gehen soll, schneide ich sie schräg in 2,5 Zentimeter breite Scheiben, die ich 1 Stunde bis 1 Tag lang einlege. Wenn ich mehr Geduld habe, drücke ich sogar ganze Gurken in die Paste, gebe noch ein Bund Radieschen dazu und warte 1 Woche.

Gurke und Radieschen mit sehr sauberen Händen tief in das Nukadoko drücken. Die Kleiemischung gleichmäßig darüber verteilen und leicht andrücken. Das Gemüse sollte vollständig umhüllt sein.

Nach 5 bis 7 Tagen das (welk gewordene) Gemüse herausnehmen. Die Kleiemischung abkratzen und wieder in das Nukadoko geben. Das Gemüse in den nächsten Stunden verzehren.

Das leere Nukadoko durchmischen und frisches Gemüse einlegen. Wer nicht sofort weiterfermentieren möchte, sollte das Nukadoko mindestens einmal täglich durchmischen, bis neues Gemüse eingelegt wird.

Ergibt: 1 bis 2 Tassen (220 bis 450 Gramm)

KNOBLAUCHHONIG

Als Kind bekam ich von meiner Mutter statt Hustensaft ein Hausmittel aus Honig, ein paar Tropfen Whiskey und Zitrone. Die Vorlage für dieses Rezept stammt aus dem Buch *Quick & Easy Tsukemono* von Ikuko Hisamatsu und ist meine Antwort auf das alte Hausmittel. Es ist das einzige Rezept mit Hefegärung und längerer Fermentationsdauer.

Zutaten

5 Knoblauchknollen, geschält

280 g kalt geschleuderter Honig

Ein 0,5-Liter-Glas bis 4 Zentimeter unter den Rand mit den Knoblauchzehen füllen und den Honig dazugeben. Naturbelassener Honig kann sehr fest sein. In diesem Fall sollten Sie zunächst kleine Mengen ins Glas füllen und warten, bis sich der Honig verteilt hat, bevor Sie mehr davon dazugeben. Gut umrühren und das Glas verschließen. Ein paar Wochen lang täglich umrühren, da sich der Honig unten absetzt. Gegebenenfalls mit dem restlichen Honig auffüllen. Je länger die Fermentation dauert, desto stärker die Bläschenbildung. Der Knoblauch zieht Wasser, schrumpft und wird braun, der Honig wird mit der Zeit flüssiger. Ab jetzt nur noch jeden 3. bis 4. Tag umrühren.

Nach etwa 3 Monaten können Sie bei Bedarf 1 Esslöffel (15 Gramm) Honig oder 1 eingelegte Knoblauchzehe als Hausmittel einnehmen. Die Mischung im Kühlschrank aufbewahren.

Ergibt: 1 Glas (500 Milliliter)

EXTRA-TIPPS

Im Grunde handelt es sich bei dem fertigen Honig um Knoblauchmet, der letztendlich natürlich nicht wegen der gesunden Probiotika vergoren wird. Es dauert deutlich länger als bei der Milchsäuregärung, bis der pH-Wert so weit gesunken und der Alkoholgehalt so weit gestiegen ist, dass die Mischung gefahrlos verzehrt werden kann. Bestimmen Sie unbedingt den pH-Wert! Bei 4,0 oder darunter können Sie die Mischung in den Kühlschrank stellen.

Knoblauchhonig nach 4 Tagen (links)
und nach 3 Monaten (rechts)

In der Sonne fermentiertes indisches Sauergemüse

Um zu verstehen, warum diese Methode funktioniert, sollte man einige Charakteristika der Gemüsefermentation kennen. Milchsäurebakterien sind fakultativ anaerobe Organismen, arbeiten also sowohl in einer sauerstofffreien als auch in einer sauerstoffreichen Umgebung.

Bei der eher unorthodoxen Herstellung dieser Pickles sollten Sie Salz- oder Zitronensaftanteile nicht wie bei einigen anderen Rezepten verändern. Ich kann Ihnen versichern, dass dieses Sauergemüse unter der heißen indischen Sonne eine lange Tradition hat. Wenn Sie auf Nummer sicher gehen möchten, messen Sie den pH-Wert.

Die Herstellung dieses Sauergemüses ist nicht ganz einfach, es sind mehrere Schritte und etwas Aufmerksamkeit erforderlich. Dafür hält es sehr lange (ein gutes Jahr) im Kühlschrank, und der Geschmack ist den zusätzlichen Aufwand wert! Wird es zu scharf oder intensiv, können Sie kleinere Mengen pürieren und zu Idli, Dosa oder anderen fermentierten Teigfladen servieren.

Hari Mirch Ka Achaar (Indische Chili-Pickles)

Zutaten

½ Tasse (90 g) Senfkörner

½ Teelöffel (1 g) Schwarzkümmel- oder Kreuzkümmelsamen

5 schwarze Pfefferkörner

½ Teelöffel (1 g) Fenchelsamen

1 Teelöffel (3 g) Bockshornkleesamen

1½ Esslöffel (27 g) grobes Meer- oder Steinsalz

1 Esslöffel (7 g) Kurkuma, gemahlen

450 g Chilischoten, geputzt, entkernt und in 3 cm lange Stücke geschnitten

5 Esslöffel (75 ml) frisch gepresster Zitronensaft

1 Tasse (240 ml) Senföl

Wenn Sie keine schmalen grünen Chilischoten bekommen können, tun es auch Cayenne-Chilis oder andere schlanke scharfe Schoten. Diese Pickles werden traditionell im Sommer angesetzt, wenn die Sonne das Gemüse rasch erhitzt. Manchmal schummele ich allerdings etwas und lasse es in der Küche fermentieren.

Samen und ganze Körner in der Gewürzmühle zu Pulver vermahlen, mit Salz und Kurkuma mischen.

Dann die Chilistücke in ein 1-Liter-Glas geben und die Gewürzmischung dazugeben. Gründlich mischen oder den Deckel zuschrauben und das Glas schütteln, bis die Gewürze gleichmäßig verteilt sind. Die Chilischoten in das Glas drücken. Sie sollten möglichst vollständig mit Gewürzmischung überzogen sein.

Den Deckel locker schließen, damit Kohlendioxid entweichen kann. Das Glas an einen sonnigen Platz im Freien stellen. Über Nacht ins Haus holen und den Ablauf am nächsten Morgen wiederholen. Jeden Abend gut umrühren.

Am dritten Abend den Zitronensaft dazugeben. Gründlich umrühren oder schütteln.

Noch 2-mal tagsüber in die Sonne stellen, abends ins Haus holen sowie gründlich umrühren oder schütteln.

Ab jetzt dürfen die sonnensauren Chilis im Haus bleiben. Das Senföl in einem Topf bei starker Hitze 5 Minuten erhitzen, bis es zu rauchen beginnt. Vom Herd nehmen, auf Zimmertemperatur abkühlen lassen und zu den gewürzten Chilischoten geben. Gut untermengen. Falls nötig, die Gewürzmischung mit einem Spatel von den Wänden lösen.

Das Glas bei Zimmertemperatur stehen lassen und nach 3 Tagen die erste Kostprobe nehmen. Die Chilis sind fertig, wenn das Öl nicht mehr „fettig" riecht, sondern die Aromen der Schoten und Gewürze angenommen hat. Das kann 1 Woche dauern.

Das Gemüse im Kühlschrank aufbewahren.

Ergibt: 1 Glas (900 Gramm)

EXTRA-TIPP

Sollte das heiße, rauchende Öl Hustenreiz auslösen, dann öffnen Sie die Fenster und schalten Sie den Dunstabzug an. Verlassen Sie die Küche, wenn der Hals kratzt und die Augen tränen.

SONNENSAURE KARDAMOM-KAROTTEN

Zutaten

1 Esslöffel (6 g) Kardamomkapseln

2 Esslöffel (12 g) Kreuzkümmelsamen

1 Esslöffel (5 g) schwarze Pfefferkörner

1 Esslöffel (11 g) Senfkörner

1½ Esslöffel (27 g) grobes Meer- oder Steinsalz

2 Tassen (250 g) Karotten, in 3 cm lange Stücke geschnitten

3 Esslöffel (45 ml) frisch gepresster Zitronensaft

1 Esslöffel (8 g) Kurkuma, gemahlen

1 Tasse (240 ml) Senföl

Das Rezept für Kardamom-Fans! Sauergemüse, wie Sie es aus den letzten Kapiteln kennen, esse ich meist in großen Mengen, aber diese Pickles verwende ich ausschließlich zum Würzen. Sie sind sehr intensiv im Geschmack und bleiben im Kühlschrank lange frisch. Ich püriere oft kleine Mengen davon und gare Zwiebeln oder Blumenkohl damit.

Samen und ganze Körner in der Gewürz- oder Kaffeemühle fein vermahlen und mit dem Salz mischen.

Die Karotten in ein 1-Liter-Glas geben und die Gewürzmischung dazugeben. Den Deckel zuschrauben und das Glas gut schütteln. Die Karotten in das Glas drücken. Sie sollten vollständig mit Gewürzmischung überzogen sein.

Dann den Deckel locker schließen, damit Kohlendioxid entweichen kann. Das Glas an einen sonnigen Platz im Freien stellen und über Nacht ins Haus holen. Den Ablauf am nächsten Morgen wiederholen. Jeden Abend gut umrühren.

Am dritten Abend den frisch gepressten Zitronensaft und das Kurkumapulver dazugeben. Gründlich umrühren oder schütteln.

Noch 2-mal tagsüber in die Sonne stellen, abends ins Haus holen sowie gründlich umrühren oder schütteln.

Ab jetzt bleibt das sonnensaure Gemüse im Haus. Das Senföl in einem Topf bei starker Hitze ungefähr 5 Minuten erhitzen. Vom Herd nehmen, auf Zimmertemperatur abkühlen lassen und zu dem Gemüse geben. Gut untermengen.

Das Glas bei Zimmertemperatur stehen lassen und nach 1 Tag zum ersten Mal probieren. Das Gemüse ist fertig, wenn das Öl nicht mehr „fettig" riecht, sondern die Gewürzaromen angenommen hat. Das kann 3 Tage dauern.

Wenn das Gemüse fertig ist, die Gewürzmischung gegebenenfalls mit einem Spatel oder Löffel von den Wänden lösen und unterrühren. Das Glas im Kühlschrank aufbewahren.

Ergibt: 1 Glas (900 Gramm)

Anhang

Salztabelle

Wie Sie Ihr fermentiertes Gemüse salzen, ist letztendlich Geschmackssache. Das Abwiegen der verwendeten Salzmenge ist natürlich die exakteste Methode. Aber geschmackliche Vorlieben können je nach Gemüsesorte variieren, und nicht alle Speisesalze würzen gleich stark.

Beim Direktsalzen werden zwischen 2 und 5 Prozent des Gemüsegewichts an Salz dazugegeben, beim Fermentieren mit einer Lake liegt die Spanne zwischen 4 und 6 Prozent. In der Praxis schwankt beim Direktsalzen das Verhältnis erheblich – vom salzlosen Fermentieren bis hin zu einer Zugabe von praktisch ungenießbaren 8 Prozent Salz, wenn nicht der Geschmack, sondern die Konservierung des Gemüses im Vordergrund steht.

Volumen/Gewicht verschiedener Salzarten (Näherungswerte) in g

Menge in Gramm	feines Tafelsalz	feines unraffiniertes Speisesalz	grobes Tafelsalz	grobes Meer- oder Steinsalz	sehr grobes Steinsalz	Fleur de Sel
1 TL	5–6	7–8	6–7	6–7	7–8	3–4
1 EL	16–17	21–23	17–20	17–19	21–23	12–13

Direktsalzen – Salzzugabe nach Volumen/Gewicht

Gemüsemenge	2 Prozent	2,5 Prozent	3 Prozent	4 Prozent	5 Prozent
500 g	1–2 TL (10 g)	1½–2 TL (12,5 g)	2 TL (15 g)	1 TL (20 g)	4 TL (25 g)
1 kg	20 g	25 g	30 g	40 g	50 g

Multiplizieren Sie die Gemüsemenge in Gramm mit dem gewünschten Salzanteil in Prozent.
Bei 500 Gramm Weißkraut und einem gewünschten Salzanteil von 2 Prozent lautet die Rechnung:
500 x 0,02 = 10 Gramm Salz.

Salzlake – Salzzugabe nach Volumen/Gewicht

Wasser	4 Prozent	5 Prozent	6 Prozent	7 Prozent
1 Tasse (240 ml)	1–2 TL (10 g)	1½–2 TL (12 g)	2 TL (14 g)	1 TL (17 g)
1 Liter	40 g	50 g	60 g	70 g

Multiplizieren Sie die Wassermenge in Milliliter mit dem gewünschten Salzanteil der Lake in Prozent.
Bei 1 Tasse (240 Milliliter) Wasser und einem gewünschten Salzanteil von 4 Prozent lautet die Rechnung:
240 x 0,04 = 10 Gramm Salz.

Verzeichnis der Rezepte

Kwass

Fermentieren im Gärtopf

Fermentieren ohne Salz

Weitere Fermentationsmethoden

Leckere Gerichte & Drinks mit fermentiertem Gemüse

Literaturempfehlungen

Bellersen Quirini, Cosima: *Fermentieren. Das Rezeptbuch.* Verlag Eugen Ulmer, Stuttgart 2015

Bittman, Mark: *How to cook everything. 2000 Simple Recipes for Great Food.* 2. Auflage. Houghton Mifflin Harcourt, Boston (USA) 2008

Byers, Branden: *Fermentierung für Einsteiger. Sauerkraut, Kefir & Co. Einlegen für jedermann.* Börsenmedien AG, Kulmbach 2015

Chun, Lauryn, und Olga Massov: *The Kimchi Cookbook. 60 Traditional and Modern Ways to Make and Eat Kimchi.* Ten Speed Press, Berkeley (USA) 2012

Hisamatsu, *Ikuko: Quick & Easy Tsukemono. Japanese Pickling Recipes.* Japan Publications Trading Co. Ltd., Tokyo (Japan) 2005

Katz, Sandor Ellix: *Die Kunst des Fermentierens. Eine tiefgreifende Erforschung grundlegender Konzepte und Prozesse aus aller Welt.* Kopp Verlag, Rottenburg a. N. 2015

Katz, Sandor Ellix: *So einfach ist Fermentieren. Wie Sie durch Vergärung wohlschmeckende und gesunde Lebensmittel herstellen: von Brot über Sauerkraut bis hin zu Bier und Wein.* Kopp Verlag, Rottenburg a. N. 2014

Lewin, Alex: *Real Food Fermentation. Preserving Whole Fresh Food with Live Cultures in Your Home Kitchen.* Quarry Books, Beverly (USA) 2012

Lorenz-Ladener, Claudia: *Milchsauer eingelegt. Gemüse gesund und schnell haltbarmachen.* ökobuch Verlag, Staufen bei Freiburg 2014

Martin, Susanne: *Sauerkraut. Tradition, Gesundheit, Rezepte.* Verlag Eugen Ulmer, Stuttgart 2004

Shockey, Kirsten K., und Christopher Shockey: *Fermentieren. Gemüse einfach und natürlich haltbar machen.* Löwenzahn Verlag, Innsbruck 2015

Solomon, Karen: Asian Pickles. *Sweet, Sour, Salty, Cured, and Fermented Preserves from Japan, Korea, China, India, and Beyond.* Ten Speed Press, Berkeley (USA) 2014

Thompson, Meg: *Superfoods for Life. Fermentierte Getränke. Mit 75 köstlichen Rezepten für Ihr Immunsystem.* Hans-Nietsch-Verlag, Emmendingen 2015

Vivante, Terre (Hrsg.): *Natürlich konservieren. Die 250 besten Rezepte, um Obst und Gemüse naturnah haltbar zu machen.* ökobuch Verlag, Staufen bei Freiburg 2005

Über die Autorin

Amanda Feifer schreibt auf *www.phickle.com* über fermentierte Nahrungsmittel aller Art. Wenn sie nicht gerade blubbernde Köst-lichkeiten braut oder sich gegen die Verwendung antibakterieller Seife ereifert, macht sie das, was sie am liebsten tut: Sie unterrichtet andere in der Herstellung fermentierter Nahrungsmittel – ob Kimchi, Koji, Kefir oder Kombucha. Sie lebt mit ihrem Mann Jake in Philadelphia.

Bezugsquellen

Zutaten und Fermentationshelfer

Die meisten der in den Rezepten verwendeten Zutaten bekommen Sie in Ihrem Naturkostladen, Bio-Supermarkt, auf dem regionalen Wochenmarkt oder im Asialaden. Alternativ können Sie die Zutaten aber auch über einen Online-Shop Ihrer Wahl bestellen.
Für einige spezielle Utensilien, die Ihnen beim Fermentieren vorzügliche Dienste leisten, haben wir für Sie im Folgenden eine kleine Auswahl an Bestellmöglichkeiten im Internet zusammengestellt:

Fermentationsgefäße und -zubehör

Einmachgläser mit Gummiring und Bügelverschluss von Bormioli Rocco und Le Parfait erhalten Sie in Fachgeschäften für Küchenzubehör oder in der Haushaltswarenabteilung von Kaufhäusern und natürlich im Internet.

www.allesausglas.de/einmachglaeser-/
Schraubdeckelgläser, Weckgläser, Drahtbügelgläser und Ersatzdeckel, Weckdeckel aus Glas in verschiedenen Größen (als Fermentationsgewichte geeignet)

www.blueboxtree.com
reCAP-Deckel für Ball Mason-Gläser

www.destillatio.eu
Gärröhrchen und Stopfen, pH-Indikatorpapier 1–14, elektronisches pH-Wert-Messgerät

www.einkochzeit.de
Schraubdeckelgläser, Einmachgläser von *Weck* und *Bormioli Rocco* in verschiedenen Größen, mit Bügelverschluss und Klammern

www.etsy.com/shop/PotteryBySandyDer
Fermentationsgewichte

www.flaschenbauer.de
Gläser und Verschlüsse aller Art, auch aus Kunststoff

www.gärtopf.de
Gärtöpfe mit einem Fassungsvermögen von 5 bis 30 Litern sowie Gärtopf-Zubehör

www.glas-artikel.de
Einmachgläser von *Weck* mit Bügelverschluss oder Klammern, Gläser, Gummiringe und Deckel separat erhältlich, Weithalsgläser mit Schraubverschluss in verschiedenen Größen

www.intergastro.de
Krauthobel, Gastronorm-Behälter in verschiedenen Größen

www.keramikscheune-onlineshop.de
Beschwerungssteine aus Steinzeug ab einem Durchmesser von 7,5 Zentimetern, Gär- und Kimchi-Töpfe

www.lieblingsglas.de
Original *Ball Mason*-Gläser in unterschiedlichen Größen sowie Zubehör

www.manufactum.de
Gärtöpfe mit Beschwerungssteinen, Milchwächter mit einem Durchmesser von 7 Zentimetern (als Fermentationsgewicht geeignet)

www.schraubdeckel.de
Schraubdeckelgläser und Einmachgläser in zahlreichen Größen und Formen, Schraubdeckel auch separat erhältlich

www.steinzeug-schmidt.de
Gärtöpfe mit einem Fassungsvermögen von 2 bis 50 Litern, jeweils mit Wasserrinne sowie mit Deckel und Beschwerungsstein, schadstofffreie Steinguttöpfe (Einmachtöpfe) in verschiedenen Größen, Gäraufsätze (Gärröhrchen mit Gummistopfen)

www.wildefermente.de
Selbst getöpferte Fermentationsgewichte

www.zeppy.io
Spezielles Einmachglas mit Gärsystem

Wasserfilter

www.acalawasserfilter.de
AcalaQuell® Wasserfiltersysteme

www.grünesmoothies.de
Tischwasserfilter und Filtersysteme

www.info-wasserfilter.de
Informationen über Wasserfilter, Filteranlagen und Wasseraufbereitungssysteme

Wissenswertes und Blogs

Umfangreiche Bibliografie zum Thema „Alles über Pickles" in englischer Sprache:

http://fbns.ncsu.edu/USDAARS/html/Fflbiblio1.htm

www.phickle.com (Blog der Autorin in englischer Sprache)

www.wildefermente.de (maßgeblicher Blog zum Thema „spontane Fermentation")

www.wildfermentation.com (Website des international anerkannten Fermentationsexperten Sandor Ellix Katz)

Dank

Ohne die Hilfe, Liebe und Unterstützung vieler Menschen wäre dieses Buch niemals zustande gekommen, und bestimmt ist meine Liste unvollständig. Allen, die mir geholfen haben, Rezepte getestet und sich mir zuliebe die Grundlagen der Fermentation angeeignet haben, werde ich ewig dankbar sein. Danke, dass ihr die vielfältigen Gerüche nicht gescheut und sie bei euch zu Hause ertragen habt!

Meiner Agentin **Clare Pellino**, ohne die ich das Buch nie geschrieben hätte, danke ich für ihr Drängen, ihren Zuspruch – und ihr enormes Verhandlungsgeschick.

Meiner Lektorin **Amanda Waddell** danke ich für die Chance, dieses Buch zu verwirklichen! Ich bin überaus dankbar für die Zusammenarbeit und all die Anregungen, Sorgfalt und Mühe, die sie in dieses Buch gesteckt hat.

Renae Haines danke ich dafür, dass sie sich mit den kleinsten Details herumgeschlagen, meine Anfängerfragen geduldig beantwortet und alle Fäden schnell und elegant verknüpft hat.

Heather Godin danke ich für die künstlerische Leitung, ihre Flexibilität und ihr unermüdliches Bestreben, diesem Buch einen einheitlichen „Look" zu verleihen.

Karen Levy danke ich für die gründliche Redaktion. Ich hätte das Manuskript noch viele Male lesen können und hätte all die Tippfehler, Lücken und merkwürdigen Formulierungen doch nie entdeckt.

Courtney Apple danke ich für die Fotos, in die ich total vernarrt bin. Sie hat meine fermentierten Köstlichkeiten wahrheitsgetreu abgebildet und zum Strahlen gebracht. Ihre Aufnahmen machen das Buch zu etwas Besonderem.

Barbara Botting danke ich für die hervorragende Arbeit, die sie beim Styling der Aufnahmen geleistet hat. Nur wenige Menschen schaffen es, den Dingen eine so mühelose Eleganz zu verleihen.

Dr. Fred Breidt danke ich für seine Geduld, seine Hilfsbereitschaft und sein Wissen. Wie die Freunde der Fermentation in aller Welt weiß auch ich seinen jahrzehntelangen Forschungseinsatz zu schätzen. Ich danke ihm für seinem Beitrag zu diesem Buch und entschuldige mich für mögliche Fehlinterpretationen.

Carly Dougherty von Food and Ferments lebt und fermentiert wie ich in Philadelphia. Sie hat mir großzügig ihre knapp bemessene Zeit geschenkt.

Jeremy Ogusky danke ich für das lange Interview – und den herrlichen Gärtopf. Er bekommt einen Ehrenplatz in meiner Küche und ich gelobe, ihn bei jeder Gelegenheit mit prickelnden Kreationen zu füllen.

Sandor Ellix Katz ist als Autor und Dozent ein unerschöpflicher Quell der

Fermentation und Inspiration. Danke.

Will Stallwood von *Cipher Prime* danke ich für sein hilfreiches Feedback. Er hat ein hervorragendes Auge und letztlich haben auch seine Anregungen in Sachen Design zur Schönheit des Buches beigetragen.

Den Herren von *Flyclops* – **Jake, Parker, Dave, Jay** und **Josh** – danke ich für ihre überaus große Flexibilität. Nur durch ihre Hilfe hatte ich genügend Zeit und Energie zur Vollendung dieses Buches, und dafür bin ich ihnen ewig zu Dank verpflichtet.

Die *Philly Food Ladies* **Alexis Siemons, Allyson Kramer, Jolene Hart, Joy Manning, Marisa McClellan, Robin Shreeves** und **Tenaya Darlington** standen mir mit Rat und Tat zur Seite. Sie beschwichtigten meine Ängste, wenn der Kamillentee versagte! Sie sind so wundervoll, liebenswürdig und großzügig und ich bin sehr dankbar für unsere Gemeinschaft.

Corey und **Tasha Floyd** haben dankenswerterweise geholfen, das Gemüse für das Fotoshooting anzusetzen. Ohne sie hätte ich all das nicht geschafft!

Meinen Eltern **Nancy** und **Walt Feifer** danke ich dafür, dass sie mich dazu erzogen haben, unabhängig meinen eigenen Weg zu gehen – obwohl es schwer für sie war, wenn ich lukrative Anstellungen in großen Unternehmen gegen eine ungewisse Zukunft eintauschte.

Und ich danke meinem geliebten Mann **Jake O'Brien** – seine Liebe und Güte, seine Unterstützung und sein Beistand, sein Verständnis und sein Geschick beim Geschirrspülen sind einfach beispiellos. Es gibt so viele Dinge im Leben, die ich ohne ihn nicht hinbekäme. Dieses Projekt ist nur eines davon. Danke, dass du an meiner Seite bist!

Zum Schluss danke ich den **LeserInnen** und **Lesern** meines **Blogs Phickle**, ohne die sich meine Leidenschaft für die Fermentation, die Seminare und das Schreiben wohl schon bald verflüchtigt hätte. All diese Dinge schenken mir Glück und Erfüllung. Für ihre Gesellschaft beim Lesen und Fermentieren bin ich unendlich dankbar.

Meg Thompson
Superfoods for Life
FERMENTIERTE GETRÄNKE
Mit 75 köstlichen Rezepten für Ihr Immunsystem
HANS-NIETSCH-VERLAG